América Latina y el Caribe:

Nuevas formas de Cooperación.
Las Dimensiones Sur-Sur

Francisco Rojas Aravena
Tatiana Beirute Brealey
(Editores)

América Latina y el Caribe:

Nuevas formas de Cooperación. Las Dimensiones Sur-Sur

teseo

Fundación
Carolina
CeALCI

FLACSO

América Latina y el Caribe: nuevas formas de Cooperación. Las Dimensiones Sur-Sur / edición a cargo de Francisco Rojas Aravena y Tatiana Beirute Brealey. - 1 ed. - Buenos Aires : Teseo; FLACSO; Fundación Carolina, 2011.
186 p. ; 20x13 cm. - (Relaciones internacionales)

ISBN 978-987-1354-84-9

1. Relaciones Internacionales. I. Rojas Aravena, Francisco, ed. II. Beirute Brealey, Tatiana, ed.
CDD 327

FLACSO

teseo

© Editorial Teseo, 2011
Buenos Aires, Argentina

ISBN 978-987-1354-84-9
Editorial Teseo

Hecho el depósito que previene la ley 11.723

Para sugerencias o comentarios acerca del contenido de esta obra, escríbanos a: **info@editorialteseo.com**

www.editorialteseo.com

ÍNDICE

Preámbulo

En contraposición a las relaciones tradicionales expresadas en la cooperación Norte-Sur, la cooperación Sur-Sur se ha constituido en una visión alternativa referida a estrategias de desarrollo y dinámicas de actores. Existe consenso sobre la necesidad de examinar y repensar los patrones tradicionales de cooperación, no sólo por sus limitaciones cuantitativas, como el no cumplimiento de los montos establecidos para la ayuda, sino también en lo cualitativo, debido al problema de la no apropiación de la ayuda.

Aunado a ello, el estallido de la crisis financiera mundial en el segundo semestre de 2008, una de las más importantes desde el *crack* de la Bolsa del año 1929, vino a plantear para las agencias de cooperación internacional un desafío de proporciones inimaginables. Las fundaciones filantrópicas norteamericanas –por citar un caso–, cuyo capital se encuentra invertido en acciones y por lo tanto altamente susceptible a los vaivenes de las entidades financieras, perdieron centenares de millones de dólares de forma brusca e inesperada. Esta situación arrastró consecuencias no sólo para su personal sino también para sus programas, tanto los que ya estaban en ejecución como los que se preveía desarrollar a lo largo del próximo quinquenio de manera particular.

De igual manera, los gobiernos nacionales de países donantes enfrentan aún presiones domésticas significativas para constreñir sus gastos en el exterior. Aun si en algunos casos los gobiernos resolvieron resistir esas presiones y mantuvieron sin alterar el porcentaje del PIB nacional asignado a la cooperación al desarrollo, como fue el caso del gobierno de España para el ejercicio 2009, para el año 2010 la caída en la productividad afectó con mayor fuerza a las economías norteamericanas y europeas, teniendo como efecto una reducción en las cifras globales de las cuales los presupuestos de cooperación forman parte integral.

Ante semejante contexto de "vacas flacas", se han abierto expectativas sobre una mayor participación de los países del sur en los esquemas de provisión de la ayuda para el desarrollo. Entre las ventajas de tener una interlocución Sur-Sur, pueden mencionarse una mayor flexibilidad y capacidad para adecuar la falta de asistencia, una menor asimetría entre actores involucrados, y la no condicionalidad de la ayuda a pesar de tener altos componentes ideológicos en temas sensibles, como los referidos a la soberanía y la no intervención.

Cabe entonces señalar al menos tres grandes desafíos que actualmente enfrenta la cooperación para el desarrollo. El primero está relacionado con la eficiencia y legitimidad de la ayuda para no continuar repitiendo los errores que se vienen dando en la cooperación Norte-Sur, o la creencia de que por coincidencias y/o diferencias ideológicas o de principios es posible librarse de dichos errores. El segundo tiene que ver con el cambio en el mapa político de América Latina. Hay incertidumbre sobre si la cooperación va a continuar siendo herramienta de política exterior luego del periodo electoral iniciado en 2010, en cuyo contexto el péndulo ideológico se desplaza hacia la derecha. Y el último desafío toma en cuenta el tema coyuntural marcado por la crisis, donde se hace cada vez más difícil justificar los recursos al exterior por los países donantes, cuando en lo interno las condiciones son cada vez más difíciles para su ciudadanía, sus economías y hasta su situación política.

De todo ello dan cuenta los trabajos recogidos en este libro, producto de una relación de colaboración y actividades conjuntas entre la Fundación Carolina de España, a través del Centro de Estudios para América Latina y la Cooperación Internacional (CeALCI) y la Facultad Latinoamericana de Ciencias Sociales (FLACSO). A todas las autoras y todos los autores, participantes en distintos seminarios realizados bajo este alero de cooperación, así como en las dos mesas en el marco del II Congreso Latinoamericano y Caribeño de Ciencias Sociales, les expresamos nuestro más sincero agradecimiento.

Josette Altmann Borbón

Coordinadora Regional de Cooperación
Internacional de la FLACSO

INTRODUCCIÓN
ASOCIACIÓN Y COOPERACIÓN.
MIRADAS DESDE LAS OPCIONES SUR-SUR

Francisco Rojas Aravena

Vivimos en el marco de un acelerado proceso de globalización con graves consecuencias, como el cambio climático, la crisis financiera, la crisis alimentaria y las pandemias. Las amenazas que aquejan a los países son transnacionales, lo que evidencia la necesidad de las acciones conjuntas; sin embargo, la heterogeneidad económica, política y social entre regiones, países y dentro de éstos es muy alta. Las necesidades de millones de personas no disminuyen. Nuevos actores han venido ganando peso en el sistema de poder global. La cooperación para el desarrollo, que expresa la solidaridad, la ayuda y las relaciones entre países con el fin de promover un desarrollo sostenible, resulta indispensable en un mundo interdependiente.

En este contexto, se observa cómo la cooperación Sur-Sur ha adquirido una mayor importancia. La alta heterogeneidad y las apremiantes necesidades de los países de renta media, como los latinoamericanos, muestran que los flujos de ayuda internacional son insuficientes. También que éstos se han desplazado en una importante proporción a otras regiones más pobres del mundo. No obstante, los países de América Latina también buscan ser actores en el proceso de cooperación para el desarrollo con otras naciones, generando una relación más horizontal.

El desarrollo de estas nuevas formas de cooperación no se ha reducido a un tema de insuficiencia de recursos en la modalidad Norte-Sur, que sin duda es importante, sino que se desprende de cuestionamientos a la real eficacia de la cooperación tradicional. Considera a su vez la necesidad de construir nuevos modelos basados en el respeto a la soberanía nacional y la no injerencia en asuntos internos, el diálogo horizontal, la igualdad de derechos, y la importancia de transferir conocimientos y experiencias, entre otros. Estos son algunos de los principios que plantea la cooperación Sur-Sur con la intención de lograr una mayor autosuficiencia de los países receptores al adaptar las acciones a las necesidades locales, no imponiendo medidas desde afuera.

Es decir, la novedad de la cooperación Sur-Sur va más allá de mostrar nuevos actores en el envío de recursos para el desarrollo, involucra una nueva forma de pensar la cooperación, entre pares y en realidades concretas. Esto sin duda es uno de sus rasgos más particulares y uno de los componentes que deben tenerse presentes a la hora de intentar definirla.

Los distintos estudios y análisis sobre la cooperación Sur-Sur y la cooperación triangular muestran que estas acciones han logrado posicionarse de forma importante en la cooperación internacional, estableciendo una fuente de desarrollo en la región, en una diversidad de acciones destinadas a incidir en los ámbitos sociales, económicos, culturales, del medio ambiente e institucionales.

El carácter de mayor flexibilidad de estas modalidades, la similitud de las realidades o la historia que muchas veces se observa entre los países donantes y los receptores, la importancia que se da a la transferencia de conocimientos y habilidades, y su casi ausente condicionalidad de los recursos, han hecho que la cooperación Sur-Sur se haya posicionado como una herramienta fundamental para la construcción del desarrollo en los países de la región.

Este libro presenta los análisis de expertos respecto al reimpulso que ha tenido la cooperación Sur-Sur en los últimos años, los principales desafíos a los que se enfrenta, las potencialidades que conlleva este tipo de cooperación respecto a la tradicional cooperación Norte-Sur, así como formas específicas de cooperación y las nuevas modalidades que adopta.

En el artículo *Cooperación Sur-Sur y cooperación triangular: nuevas formas de asociación y vinculación, Francisco Rojas Aravena*, quien suscribe, inicia analizando las nuevas complejidades que muestran el mundo en la actualidad y cómo representan desafíos a los países de América Latina y del mundo evidenciando la necesidad de la acción global, y por lo tanto, de la cooperación internacional. En este marco, el desarrollo es esencial y el autor analiza el tipo de desarrollo que debe promoverse en las naciones latinoamericanas en un contexto de alta interdependencia, que no implica que deba dejarse de lado la autonomía regional y la multiplicidad de voces. La cooperación internacional debe partir de la construcción de visiones solidarias y cooperativas, y no medidas asistencialistas para cumplir con los compromisos adquiridos en foros internacionales. Es aquí donde la cooperación Sur-Sur ha jugado un rol fundamental por sus características más horizontales y menos condicionadas. El artículo analiza las necesidades, oportunidades y nuevos requerimientos que en el contexto de renovación de la cooperación Sur-Sur ella debe enfrentar. Por último, reseña la experiencia de la Facultad Latinoamericana de Ciencias Sociales (FLACSO) como institución pionera en cooperación internacional.

Presentando un análisis detallado de la experiencia y desafíos de la cooperación Sur-Sur en América Latina, *Miguel Lengyel, Director de la Sede Académica de FLACSO Argentina*, analiza el resurgimiento de este tipo de cooperación en la región, para luego centrarse en la experiencia en Haití, al que él denomina *"el gran laboratorio latinoamericano de la Cooperación Sur-Sur"*, particularmente por parte de Argentina, Brasil y Chile. Basándose en estas experiencias, el autor presenta algunas lecciones aprendidas hasta el momento y hace una serie de acertadas recomendaciones para que la cooperación Sur-Sur logre mayor efectividad en Haití, las cuales sirven para comprender los desafíos y las necesidades que enfrenta el nuevo reimpulso de este tipo de cooperación, partiendo de que estas iniciativas están relacionadas a la posibilidad de incrementar sus márgenes de maniobra en la región y desempeñar un nuevo rol internacional. Algunas de ellas son: dar continuidad a proyectos de largo alcance, valorar el diagnóstico ex ante, promover la participación local, rechazar los enfoques de receta única, institucionalizar la coordinación, mantener una relación gobierno-gobierno fluida, ponderar adecuadamente el rol de las organizaciones no gubernamentales (ONG) en la cooperación, entre otras.

La fuerza que ha retomado la cooperación Sur-Sur, y las enseñanzas que ésta ha dejado, no significan que la cooperación Norte-Sur ya no juegue ningún papel; por el contrario, uno de los mayores desafíos actuales en el tema de cooperación es establecer una forma en la que ambas modalidades de cooperación confluyan. Es ahí donde la cooperación triangular resulta clave. *Ignacio Suárez, Responsable del Programa de Eficacia de la Ayuda del Centro de Estudios para América Latina y la Cooperación Internacional (CeALCI) de la Fundación Carolina*, analiza la forma en que las nuevas modalidades de cooperación pueden contribuir a la articulación de un nuevo modelo de cooperación internacional para el desarrollo más legítimo y representativo. La cooperación triangular puede servir de instrumento para confluir las realidades y experiencias Norte-Sur y Sur-Sur. La Agenda de Acción de Accra, resultado del Foro de Alto Nivel sobre Eficacia de la Ayuda celebrado en el año 2008, alentó a un mayor desarrollo de este tipo de cooperación. Suárez plantea que la realización del IV Foro de Alto Nivel sobre Eficacia de la Ayuda de Seúl en 2011 podría constituirse en un incentivo para avanzar en el aumento de la eficacia y potencialidad de la cooperación triangular.

De modo que claramente, es importante que el esquema de cooperación internacional en la actualidad esté basado en la confluencia de los distintos actores y las diferentes modalidades que se han venido construyendo, y que cada vez tienen más peso en los países de renta media, como la cooperación Sur-Sur y la triangular.

En este marco, los desafíos son muchos pero los avances también lo son. Algunos de los campos en los que se desarrollan estas nuevas modalidades de cooperación son los programas de cooperación que se llevan a cabo en el marco de la Conferencia Iberoamericana y que cuentan con el respaldo de la Cumbre de Jefes de Estado y de Gobierno que se reúne de manera anual en este espacio. *José María Vera, Director de Planificación de la Secretaría para la Cooperación Iberoamericana de la Secretaría General Iberoamericana (SEGIB)*, presenta estos programas, los cuales se caracterizan, entre otras cosas, por su horizontalidad en cuanto al tipo de participación y a las contribuciones recibidas de varios países. Asimismo, este autor muestra algunos de los principales resultados del *Informe de la Cooperación Sur-Sur en Iberoamérica*, preparado por la SEGIB a partir del mandato de la Cumbre Iberoamericana y de las orientaciones y la información aportadas por los veintidós responsables de cooperación. Este informe realiza un análisis cualitativo de la cooperación Sur-Sur, y recoge una aproximación cuantitativa a través del cómputo de los proyectos de cooperación llevados a cabo entre los países latinoamericanos. El panorama mostrado refleja la renovada vitalidad de este tipo de cooperación así como su relevancia para enfrentar los nuevos retos.

Otro ejemplo respecto a la forma en que se desarrolla la cooperación Sur-Sur lo constituye la aplicación del paradigma de la sociedad del conocimiento como punto de partida. *Giovanna Valenti, profesora de la Sede Académica de FLACSO México y ex directora de esa institución,* explica que éste compone el principal marco desde el cual los países y las instituciones de carácter económico y educativo, están desarrollando diversas formas de cooperación para el fortalecimiento de sus capacidades y el desarrollo de su competitividad a nivel mundial. La autora analiza las relaciones entre la sociedad del conocimiento y la cooperación académica internacional, la cooperación en red y la cooperación Sur-Sur en red y su conexión con los principales rasgos de la sociedad del conocimiento. El concepto de red es retomado para encuadrar el análisis en una perspectiva particular de colaboración, que no es necesariamente nueva pero sí al menos de estudio reciente, y cuyo objetivo es buscar beneficios tanto horizontales como verticales en la estructura de la red.

En conclusión, este libro presenta un análisis de la forma en que las distintas modalidades de cooperación para el desarrollo que se observan en la región latinoamericana se están manifestando, y de cuáles son sus desafíos y potencialidades en un contexto muy dinámico y con retos muy complejos. Aquí se expresa también la asociación y la cooperación entre la FLACSO y la Fundación Carolina de España, que muestran las oportunidades y el efecto multiplicador que posee esta relación iberoamericana. Algunos de los resultados que se observan en esta obra fueron analizados en el II Congreso Latinoamericano y Caribeño de Ciencias Sociales desarrollado en México, en el año 2010. Manifestamos nuestro agradecimiento por las importantes contribuciones que hicieron los autores y las autoras en este libro, que busca aportar en la generación de conocimiento respecto al camino a seguir para lograr que la cooperación internacional, en cualquiera de sus modalidades, sea más eficaz y contribuya de manera efectiva en el desarrollo de las naciones de América Latina y el Caribe.

Cooperación Sur-Sur y cooperación triangular: nuevas formas de asociación y vinculación

Francisco Rojas Aravena[1]

1. Un sistema internacional complejo

Las diversas manifestaciones y expresiones de la globalización se evidencian cada vez más en las oportunidades y desafíos a los que se enfrentan los países en las distintas regiones del planeta. En los últimos años, América Latina se ha visto forzada a comprender que los problemas mundiales son parte de sus problemas, y que esto requiere construir un proyecto político estratégico como región, que le permita posicionarse como actor con un mayor peso en el sistema internacional y participar en el planteamiento de las soluciones respecto a fenómenos con impacto global, entre otros:

- *Cambio climático*: este problema es grave y trasciende a los cambios bruscos de temperatura, al aumento del nivel del mar y al aumento de los desastres naturales. No es sólo un problema ambiental, también es un problema humanitario y de salud pública con múltiples dimensiones. Es uno de los principales factores que agudiza las crisis energética y alimentaria, generando mayores vulnerabilidades en sociedades de diversas regiones.

---

[1] Secretario General de la Facultad Latinoamericana de Ciencias Sociales (FLACSO).

- *Crisis alimentaria*: la crisis alimentaria es producto de luchas por tierra, la disminución de la inversión en agricultura, el estancamiento en la productividad agrícola, una mayor demanda de alimentos por el crecimiento demográfico, también por el crecimiento económico y un mayor consumo de los países más poblados del planeta.[2] Otros factores que pueden estar incidiendo son la apertura comercial y su énfasis en la agricultura de exportación en competencia con la agricultura para abastecer el mercado interno, así como el énfasis en la exportación de productos no tradicionales y el abandono de cultivos básicos en la dieta tradicional.[3] En América Central, en Guatemala principalmente, el hambre y la desnutrición se están manifestando con fuerza, hipotecando el futuro de niños, niñas y jóvenes. Algunos factores llevan a concluir que esta crisis no es de *disponibilidad* de alimentos, sino de *carestía*.[4]

- *Crisis financiera*:[5] a pesar de que el origen de la crisis es externo a América Latina, los efectos de la misma se manifestaron a partir del año 2009, pero de manera desigual. México es de los países más afectados por sus vínculos más estrechos con Estados Unidos. En el caso de América Central, si bien las cifras preliminares muestran que sus economías en el 2009 no se vieron

---

[2]   Evans, Alex (2009), *The feeding of the nine billion. Global food security for the 21st century*, London, England, Chatham House Report, pp. 7-8.

[3]   Díaz, Efraín (2009), "Seguridad y crisis alimentaria", en *Revista Centroamericana de Economía*. II Época, año 14, núm. 72, julio de 2008-marzo de 2009, p. 53.

[4]   García, Juan Carlos (2008), "El impacto de la crisis de los alimentos en América Latina y el Caribe", en *ARI*, 152/2008-24/11/2008, Real Instituto Elcano, p. 1.

[5]   Para más información sobre la crisis financiera ver: Rojas Aravena, Francisco (2009), *Crisis Financiera. Construyendo una respuesta política latinoamericana. V Informe del Secretario General de FLACSO*, San José, Costa Rica. Disponible en línea: www.flacso.org

tan afectadas como el promedio latinoamericano, su estrecha relación con los Estados Unidos incide en las proyecciones de superación de la crisis.

- *Economías vulnerables:*[6] En un mundo globalizado, las economías son cada vez más interdependientes. Lo que sucede en otras partes del mundo posee repercusiones en nuestra región. Prueba de ello fue la crisis financiera internacional. América Latina y el Caribe tienen el desafío de que sus economías son vulnerables; dado que las materias primas son la principal fuente económica y de exportación de los países de la región, esto hace que ellas se vean afectadas constantemente por los altibajos de los precios internacionales de los *commodities.* Las barreras arancelarias y no arancelarias, junto con el acceso a los desarrollos tecnológicos y de innovación, complejizaron el cuadro de vulnerabilidades.
- *Nueva violencia:*[7] las formas de violencia en la región son muy diferentes a las de décadas anteriores. En los años 1980, el Estado representaba la mayor amenaza para su población, mientras que ahora, su ausencia y la aparición de nuevos actores transnacionales son los factores que representan serias amenazas a la seguridad de los latinoamericanos y las latinoamericanas. Entre estos actores se destacan las organizaciones del crimen organizado, pero también grupos que resultan de la alta exclusión y desigualdad de la región, como las maras. Por tradición, las pandillas fueron analizadas

---

[6]   CEPAL (2010), *Panorama de la Inserción Internacional de América Latina y el Caribe 2009-2010: Crisis originada en el Centro y recuperación impulsada por las economías emergentes*, Santiago, Chile.

[7]   Rojas Aravena, Francisco (2007), "Globalización y violencia en América Latina. Debilidad estatal, inequidad y crimen organizado inhiben el desarrollo humano", en *Revista Pensamiento Iberoamericano*, AECID-Fundación Carolina. Disponible en línea: www.pensamientoiberoamericano.org

como un fenómeno eminentemente local, jóvenes que compartían un vecindario y que establecían formas de organización, promoviendo la lealtad y la solidaridad para defenderse o disuadir a otros provenientes de comunidades distintas. Sin embargo, en la actualidad reflejan esencialmente un problema transnacional, es decir, estos grupos se encuentran relacionados bajo una denominación común internacional, con fuerte identidad grupal, aunque poseen plena autonomía y no se evidencia una estructura jerárquica transnacional, ni nacional. Asimismo, se les vincula cada vez más con el crimen organizado transnacional.

- *Narcoatividad en gran escala*:[8] un claro ejemplo de la transnacionalización de las amenazas es el narcotráfico. En los últimos tres quinquenios, la dinámica y ruta de los trasiegos se ha transformado. América Latina, y en especial América Central, comienza a verse no sólo como zona de paso sino también, y más aun, como productor, almacenador, distribuidor y consumidor de droga. La utilización de diferentes rutas terrestres, marítimas y aéreas con fines ilícitos se ha sofisticado en el uso de recursos e infraestructura. Estos procesos han ido involucrando cada vez más a las poblaciones locales en alguna de las etapas de las actividades ilícitas. Un proceso que se amplía en forma considerable y que permea y erosiona las sociedades con un saldo de más violencia, más homicidios dolosos, mayores delitos, más poblaciones desplazadas.

- *Débil seguridad humana*:[9] muchos de los países de la región evidencian importantes fragilidades en su

---

[8]   Solís Rivera, Luis Guillermo y Rojas Aravena, Francisco (editores) (2008), *Crimen Organizado en América Latina y el Caribe*. Santiago, Chile, Catalonia.

[9]   Rojas Aravena, Francisco y Álvarez Marín, Andrea (2010), "Seguridad humana: un estado del arte", en *Revista Temas, Cultura, Ideología y*

desarrollo y en la seguridad humana. La seguridad se fortalece cuando profundizamos su dimensión humana. Las condiciones de la seguridad humana mejoran mediante el pleno respeto de la dignidad, los derechos humanos y las libertades fundamentales de las personas, así como mediante la promoción del desarrollo económico y social, la inclusión social, la educación y la lucha contra la pobreza, las enfermedades y el hambre.

- *Recambio de élites postransiciones democráticas*: las élites políticas que lideraron la transición política de la mayoría de las naciones latinoamericanas en la década de 1980, hoy continúan como grupo importante de la vida política de sus países. Sin embargo, los partidos y las agrupaciones políticas latinoamericanos se enfrentan al reto de que estos grupos están envejeciendo, y en subregiones como América Central no se vislumbra aún hoy un recambio de las mismas.

- *Débil institucionalidad*: los desafíos institucionales se refieren a la calidad, al diseño y al funcionamiento de las instituciones dentro de cada país, y a su vez, en los procesos de integración regional. Es claro que la institucionalidad de los países, especialmente respecto a la democracia participativa, muestra muy bajos grados de fortaleza y consistencia. Lo anterior está ligado directamente a la debilidad de los acuerdos vinculantes que no se cumplen, a las dificultades operacionales para poner en marcha dichas decisiones cuando hay voluntad de cumplirlas, y a las grandes carencias materiales y humanas que las afectan.

En este escenario de alta incidencia de fenómenos y tendencias globales y transnacionales, es evidente la necesidad de acción global, comprendiendo que se trata no

Sociedad, La Habana, Cuba, octubre-diciembre de 2010, en prensa.

sólo de la forma más efectiva para obtener resultados más eficaces en el combate de los fenómenos anteriormente citados, sino que además se trata de una corresponsabilidad global de luchar por un más completo desarrollo humano más integral a nivel mundial.

Es bajo este enfoque que debe construirse la cooperación internacional. Hay que tener presente que ella debe desarrollarse bajo el entendimiento de un contexto de Estados soberanos, que deben ser apoyados sin imposiciones, respetando sus particularidades y distintas visiones de desarrollo.

La cooperación es una respuesta política. Responde a una decisión política e implica voluntad política. Esto explica por qué no basta con la creación de numerosos foros e instancias gubernamentales y no gubernamentales, en donde se dialogue y debata respecto a la importancia y necesidad de la cooperación internacional. Pues finalmente las buenas intenciones no necesariamente llegan a concretarse, o tras largos diálogos no se logra establecer conclusiones consensuadas. De ahí que sea de suma importancia la voluntad y el compromiso político. De lo contrario, al igual que lo que ocurre con otros foros, de las buenas intenciones plasmadas en amplios convenios marco, no se logra pasar.

De modo que en un contexto como el actual, es necesario reimpulsar el multilateralismo para discutir las soluciones y acciones respecto a la mayoría de los problemas globales y las formas de cooperar con aquellos países que se ven considerablemente más afectados que otros en temas como la pobreza, el hambre, etc. Se precisa un diálogo horizontal internacional, donde todos y cada uno de los países tengan voz y sean escuchados. Además de esto, se requiere la voluntad política de llegar a compromisos y hacer sacrificios en pos de un mejor orden internacional.

2. Oportunidades para América Latina y el Caribe

América Latina y el Caribe tienen una muy débil proyección internacional. Sus posiciones no tienen un peso significativo en el sistema global. Si bien se han abierto espacios de mayor autonomía y participación a algunos países de la región, como por ejemplo la inclusión de México, Brasil y Argentina en el G-20, lo cierto es que éstos no han logrado concertar una política latinoamericana entre los tres, y sin duda sus intereses particulares no abarcan a los de toda la región. En este marco, América Latina requiere potenciar los recursos que tiene en áreas claves para así lograr un mayor espacio y margen de acción en el sistema internacional, a partir de la construcción de una voz concertada.

* *Biodiversidad*: América Latina tiene un potencial global sumamente importante en términos de su biodiversidad, sin embargo, es probable que aún no se conozca bien cómo aprovecharla y los retos que esto implica son grandes, pues se trata de lograr beneficios preservando el desarrollo sostenible.

  Una iniciativa interesante en esta temática es la Yasuní-ITT desarrollada por Ecuador. En ella, el gobierno de ese país se compromete a no iniciar una exploración petrolera en la reserva mundial Yasuní, donde se calcula que pueden extraerse unos 846 millones de barriles de petróleo, a cambio de una contribución internacional de US$ 3.600 millones, que sería el equivalente a lo que representaría el 50% de los fondos que recibiría el gobierno por medio de la explotación petrolera. El 3 de agosto de 2010, el gobierno de Ecuador suscribió con el Programa de las Naciones Unidas para el Desarrollo (PNUD) un fideicomiso con el fin de canalizar los aportes que entregue la comunidad internacional a dicha iniciativa ambiental, que incluirá proyectos de energía renovable, conservación de áreas protegidas, reforestación, inversión social, y ciencia y tecnología.[10]

- *Energías renovables*: países como Costa Rica buscan llegar a tener el 100% de sus energías renovables, lo que les imprime un sello de calidad ambiental importante, a la vez que se protege el medio ambiente.

- *Bono demográfico*: la mayoría de los países latinoamericanos experimentan en la actualidad una etapa demográfica muy beneficiosa para el desarrollo de los países, por la cual ya atravesaron las naciones desarrolladas que hoy tienen una población mayor. Este bono demográfico debe aprovecharse, pues significa una cantidad importante de personas en edades productivas y con menos cargas de cuido. Las naciones latinoamericanas deben aprovechar estas etapas y prever cómo harán frente al cambio de la pirámide demográfica en las próximas décadas, cuando la población dependiente sea mayor que la población en edad de trabajar, especialmente con un importante componente de adultos mayores.

- *Países de renta media*: América Latina es considerada una región de países de renta media (con algunas pocas excepciones). Si bien es cierto, esto ha significado una reducción importante de la cooperación que se destinaba a la región, pues ésta se ha trasladado a otros países con mayores necesidades. No obstante, la inequidad de la región significa que en la actualidad un 32,1% vive en la pobreza.[11]

- *Mayor peso de estabilidad democrática*: la consolidación democrática de América Latina es una de sus

---

[10] "Ecuador: selva sí, petróleo no" (2010), en *BBC Mundo*, 4 de agosto de 2010. Disponible en línea: www.bbc.co.uk

[11] CEPAL (2010), *Panorama Social de América Latina*, noviembre de 2010. Disponible en línea: www.eclac.org

ventajas. Si bien hay países que muestran muchas
fragilidades y debilidades en su gobernabilidad, y a
pesar de lo ocurrido en Honduras en 2008, la democracia en América Latina es la norma, y su condición de
zona de paz le permite asegurar que se den procesos
electorales regulares en todos los países. Las debilidades institucionales posibilitan que se atente contra
los procedimientos democráticos y con ello se afecte
la gobernabilidad y la convivencia democrática.

3. El desarrollo es una meta esencial

3.1. ¿Qué desarrollo?

El desarrollo es una meta esencial de todos los países.
En términos de cooperación internacional, las soluciones
cooperativas aparecen como la única opción viable ante
los retos, desafíos y problemas globales. De igual forma,
si no se construyen bienes públicos internacionales que
promuevan un trato más justo y equitativo en el ámbito
multilateral, se pondrán en riesgo la estabilidad y la paz.

La aplicación rígida e indiscriminada de las recetas económicas de corte neoliberal produjo crisis en los
Estados latinoamericanos, reafirmando muchas de sus
debilidades estructurales y generando nuevas y profundas
vulnerabilidades sociales. La aplicación parcial, o tardía,
o la ausencia de reformas estructurales de segunda generación produjeron problemas que se han manifestado en
una pérdida creciente del monopolio de la fuerza por parte
del Estado en muchos países. Ello redujo el acceso a los
bienes públicos básicos para la mayoría de la población
y debilitó el Estado de derecho. Lo anterior llevó a que
se produjeran grandes vacíos de la presencia estatal, que
acompañados por una creciente privatización del espacio

público –incluso muchas veces de uso delincuencial–, produjeron un deterioro de la autoridad que en casos extremos se tradujo en la necesidad de una intervención cooperativa militar (como en Haití) o en graves situaciones en donde el crimen organizado y la delincuencia han ocupado territorios y comunidades, como las que ocurren en Guatemala, México o Brasil como consecuencia de las acciones de bandas ligadas al narcotráfico.

Se requiere buscar e incentivar el desarrollo humano. Es decir, un desarrollo centrado en el bienestar de las personas, que promueva la creación de capacidades para que lleven la vida que deseen llevar. Un desarrollo que suscite la participación social y el empoderamiento de los individuos, que desde las particularidades propias de cada país y cada población plantee las metas y objetivos para generar bienestar. Que involucre el crecimiento económico como medio y no como fin en sí mismo; que lo considere, más bien, prima de un desarrollo integral. Que tome en cuenta la sustentabilidad ambiental, social y cultural.

3.2. Importancia de la autonomía regional

El aumento de las capacidades de los Estados latinoamericanos y de sus poblaciones promueve su autonomía. Ello abre espacio para menores condicionamientos de la ayuda. Como se señaló anteriormente, la cooperación internacional no debe ser condicionada, las recetas predeterminadas sin importar los contextos no resultan efectivas, ni para superar vulnerabilidades, ni para establecer realidades nuevas y diversas. Los Estados y sus poblaciones deben construir capacidades para desarrollar su proyecto de país y desde allí gestionar la cooperación internacional.

Los Estados con mayores capacidades están aptos para ver que, dado el carácter transnacional de numerosas amenazas, muchas de las problemáticas que los aquejan no son enteramente su responsabilidad, y que por lo tanto están en condiciones de exigir la corresponsabilidad en la lucha contra temas como el aumento del narcotráfico, el cambio climático y la crisis alimentaria, por ejemplo. La interdependencia conlleva una demanda de concertación y cooperación, no hay otro tipo de alternativas viables en el contexto global y transnacionalizado.

Una mayor autonomía regional y una mayor capacidad de las poblaciones latinoamericanas permiten que en el debate en torno al desarrollo esté presente una diversidad de actores, aumentando el número de ideas, y por lo tanto enriqueciendo las discusiones y las acciones. Asimismo, para que la cooperación internacional sea más legítima, el país receptor debe incluir su voz en el proceso. Ésta debe tener capacidad de integración y contener a las voces internas dentro de ese país. Es decir, se requiere fomentar lo que la Agenda de Accra denomina "asociaciones más inclusivas", que tomen en cuenta la diversidad de actores. Esto implica un importante reto de coordinación, y los países deben ser conscientes de que deben someterse a él.

Sin duda, el ser más inclusivos permite la generación de mayor diálogo, dando oportunidad al surgimiento de distintas voces. Sobre esto es importante señalar el valor de la comunicación. Las acciones de cooperación deben ser de conocimiento público, no sólo para aumentar y asegurar su transparencia, sino además para darle mayor legitimidad y apoyo social, tanto desde el país donante como en el país receptor.

3.3. El mundo y la región tienen múltiples voces

Ningún país es igual a otro. Más aun, dentro de cada uno la heterogeneidad es la norma. Cada país incluye una diversidad de grupos con demandas divergentes que deben ser atendidas y tratadas de acuerdo a su particularidad. Sin embargo, no puede negarse que en ocasiones las necesidades básicas son las mismas: educación, comida, vivienda digna y empleo son algunas de las necesidades que muchos grupos poblacionales requieren de manera apremiante en la región y en el mundo. En América Latina, la pobreza y la vulnerabilidad afectan de forma más importante a los niños y las niñas, a las mujeres y a grupos étnicos, como los afrodescendientes y los pueblos indígenas. Para aumentar el desarrollo humano y para asegurar la dignidad humana deben buscarse las formas de cubrir las necesidades básicas de las personas.

En este sentido, alcanzar los Objetivos de Desarrollo del Milenio (ODM) es importante en tanto éstos representan parámetros sumamente básicos para el bienestar de las personas. Ahora bien, el hecho de que se esté cerca de cumplirlos, o de que se logre cumplir algunos, no debe llevar a pensar que se ha conseguido todo y que ya no es necesario hacer esfuerzos, por el contrario, las metas deben sofisticarse una vez alcanzadas.

Asimismo, el hecho de que existan países cuyas posibilidades de alcanzar los ODM sean mucho más lejanas que las de los latinoamericanos, no quiere decir que se deba abandonar la cooperación con la región. Por el contrario, la cooperación internacional aún es muy necesaria en los países latinoamericanos. América Latina es una zona muy heterogénea que vive problemáticas muy serias que afectan de forma diferente a su población, y que por lo tanto requieren de la cooperación internacional:

* *Región inequitativa y pobre*: en América Latina, en 2010, viven 180 millones de pobres de los cuales 72.000.000 viven en la indigencia.[12] Además, es la región más inequitativa del mundo. El 20% de la población más rica concentra más del 50% de la riqueza, mientras

---

[12]   CEPAL (2010), *Panorama Social de América Latina, op. cit.*

que el 20% más pobre tan sólo recibe, en casi todos los países, menos del 5% de la riqueza.

- *Vulnerabilidad de algunos grupos*: existen grupos vulnerables que viven de forma más severa estas condiciones de pobreza y desigualdad. Por ejemplo, la infancia es el segmento de la población que está sobrerrepresentado en la pobreza extrema. Los jóvenes son quienes sufren mayor desempleo, y por lo tanto están siendo excluidos de la posibilidad de insertarse de forma efectiva en su sociedad. A ello se suma la aparición de los denominados "ninis", que son jóvenes que no tienen posibilidades de empleo, de trabajo, ni de estudio, y que resultan presa fácil de grupos que les ofrecen ganarse la vida de forma "cómoda", como por ejemplo, las redes de narcotraficantes. Otra opción es la migración. Los ingresos y las condiciones laborales de las mujeres son mucho más desventajosas que las de los hombres, y sobre ellas recaen casi por completo las responsabilidades de cuidado, que limitan aun más sus posibilidades de surgir. Respecto a las diferencias por razones de etnia, en algunos países la tasa de pobreza de los grupos indígenas o afrodescendientes puede exceder entre 1,2 y 3,4 veces a la del resto de la población.[13]

- *Región violenta*: América Latina es la región más violenta del mundo, presentando las mayores tasas de homicidio en ausencia de conflictos armados. El promedio regional es de veinticinco homicidios por 100.000 habitantes. Para tener una visión más amplia, puede señalarse que la tasa promedio de homicidios a nivel mundial es de nueve por 100.000 habitantes, y en Europa es de ocho. Sin embargo, América Central y la

---

[13] *Ibíd.*

zona andina superan con creces este promedio.[14] A esto se suma que en América Latina, las cifras de homicidios por armas de fuego convierten a la región en una de las más peligrosas, y en la que mueren más personas por armas de fuego sin estar asociadas a conflictos armados. De las trece ciudades con mayores tasas de homicidio de este tipo en el mundo, diez de ellas corresponden a América Latina y el Caribe, situación que evidencia la existencia de una alta circulación de armas y una carencia de instrumentos efectivos de control de éstas.

4. Asistencialismo versus cooperación. "Enseñando a pescar"

La cooperación internacional debe partir de la construcción de visiones solidarias y cooperativas, y no medidas asistencialistas para cumplir con los compromisos adquiridos en foros internacionales. Su fin último es el ayudar a los países receptores a mejorar sus capacidades, para que poco a poco, la dependencia y necesidad de la ayuda para el desarrollo sean cada vez menos imperiosas, en la medida en que se pudieron construir los instrumentos ineludibles y legítimos para que cada Estado pueda hacerse cargo de liderar sus procesos de desarrollo.

4.1. Nueva agenda internacional

La ayuda oficial al desarrollo, tras años de implementación, no ha mostrado mucha efectividad; los problemas que se buscaba disminuir, como la pobreza y el bajo desarrollo

---

[14]   PNUD (2009), *Abrir espacios para la seguridad ciudadana y el desarrollo humano,* Informe sobre Desarrollo Humano para América Central, 2009-2010, PNUD, octubre de 2009.

social, han aumentado en muchos países, mostrando que las acciones impulsadas no han sido muy eficaces, al punto que se habla en la actualidad del agotamiento del modelo tradicional de cooperación Norte-Sur.

De acuerdo con Lengyel y Malacalza,[15] algunas de las razones que explican este fracaso son:

- Insuficiente magnitud de la ayuda: la ayuda realmente prestada está lejos de ser la comprometida.
- La excesiva condicionalidad establecida por los donantes del norte resulta en una falta de apropiación por parte de los países receptores, contribuyendo a la ineficacia de la ayuda.
- La ayuda se dirigía principalmente a proyectos individuales y no por medio del sistema gubernamental, lo cual no contribuye a la creación de capacidades y al fortalecimiento de la institucionalidad de los países receptores, incluida la gubernamental.
- El predominio de enfoques del tipo *"one size fits all"* obstaculiza las posibilidades de que los países receptores vean en la asistencia algo transitorio, mientras que construyen sus propias capacidades para lograr su desarrollo.
- La dinámica de las estrategias de la ayuda se estableció más desde la oferta que desde la demanda.
- Algunos países receptores tienen déficits institucionales severos, lo que dificulta la eficacia de las acciones de ayuda.
- Deficiencias en la alineación de la ayuda a las prioridades de desarrollo de los países receptores.

---

[15] Lengyel, Miguel y Malacalza, Bernabé (2009), *Potencialidades y Desafíos de la Cooperación Sur- Sur: Lecciones de Haití,* Documento presentado en el Seminario Internacional La crisis financiera global: Impactos en la reforma de las Naciones Unidas y en la cooperación para el desarrollo, organizado por FLACSO, Fundación Carolina y el Gobierno de Cuba y realizado en La Habana en febrero de 2009.

- Graves problemas en la coordinación interna y entre los donantes y los receptores.
- A partir del 11 de septiembre de 2001 se produce una securitización de la agenda que aumentó el sesgo asistencialista de la cooperación internacional.

Ante el agotamiento del modelo tradicional, la Declaración de París (2005) y la Agenda de Acción de Accra (2008) vinieron a reconfigurar la forma en que se había dado la ayuda internacional para mejorar su eficacia. La primera no fue muy bien recibida por los países de renta media, pues no reconocía un lugar particular a la cooperación Sur-Sur. Fue hasta los debates y consensos de la Agenda de Acción de Accra que se le da reconocimiento.

Como explica Malacalza,[16] respecto a la Declaración de París se pueden observar tres posiciones diferentes en América Latina:

a) Es vista como una oportunidad para estrechar los lazos con países de la Organización para la Cooperación y el Desarrollo Económico (OCDE).

b) Desde la perspectiva del receptor, es mejor legitimarla como forma de garantizar el acceso de financiamiento, pero ello no impide que se adopte una visión crítica de la misma en tanto es una iniciativa de los donantes tradicionales para ponerse al corte con los cambios en la arquitectura de la ayuda internacional.

c) No adhesión, pues la cooperación Sur-Sur debe derivarse de las prioridades, los recursos y los formatos definidos por el aportante.

---

[16] Malacalza, Bernabé (2010), *Determinantes de la CSS Latinoamericana: quiénes, a quiénes y por qué cooperan*, Presentación en el Seminario Internacional "¿De qué hablamos cuando hablamos de Cooperación Sur- Sur y Triangular? Aportes desde la experiencia comparada en América Latina, Asia y África", organizado por FLACSO Argentina y el PNUD, y realizado en Buenos Aires los días 30 y 31 de agosto de 2010.

4.2. Renovando la cooperación horizontal Sur-Sur

La importancia de la cooperación Sur-Sur se ha venido retomando en la última década. Este interés renovado se desprende de algunos aspectos como los siguientes:[17]

- Su reconocimiento como mecanismo eficaz para la creación de capacidades nacionales en países en desarrollo.
- Su contribución a la nueva arquitectura de la ayuda. El reimpulso que ha tomado esta modalidad de cooperación se desprende en parte del reconocimiento que se le dio al incorporarse en la Agenda de Acción de Accra como forma diferente de cooperación.
- El interés que muestran los países de la OECD / CAD.

Para muchos países en desarrollo, la cooperación Sur-Sur puede ser un instrumento importante para la construcción de capacidades de los Estados receptores. En contraposición a las asimetrías de poder entre donantes y receptores presentes en el modelo de cooperación Norte-Sur, en la Agenda de Acción de Accra se reconoce que la cooperación Sur-Sur implica: a) el principio de no injerencia en asuntos internos; b) igualdad entre los asociados; c) respecto a la independencia, soberanía, diversidad e identidad cultural.

Su mayor diferencia respecto a la modalidad tradicional de cooperación Norte-Sur radica en su horizontalidad, pues se coopera entre socios y voluntariamente, sin condicionalidades. También en el consenso entre las partes sobre las formas de ejecución de la Cooperación Sur-Sur,

---

[17]   Ayllón, Bruno (2010), *¿De qué hablamos cuando hablamos de Cooperación Sur- Sur y Triangular? Aportes desde la experiencia comparada en América Latina, Asia y África*, Presentación en el Seminario Internacional "¿De qué hablamos cuando hablamos de Cooperación Sur- Sur y Triangular? Aportes desde la experiencia comparada en América Latina, Asia y África", organizado por FLACSO Argentina y el PNUD, y realizado en Buenos Aires los días 30 y 31 de agosto de 2010.

y por último, en la equidad que implica que los costes y beneficios se distribuyan equitativamente de forma proporcional a las posibilidades de las partes.[18]

La cooperación Sur-Sur es un instrumento muy valioso para los países en desarrollo, porque los elementos que la caracterizan son muy beneficiosos para el trabajo en contextos de países de renta media y baja a la que se destina la cooperación. Para Lengyel y Malacalza,[19] entre estas particularidades pueden señalarse:

- Su mayor flexibilidad para la transferencia de "buenas prácticas" y experiencias entre países en desarrollo.
- La mayor adecuación y adaptación de sus iniciativas de cooperación a las necesidades de países receptores con realidades más próximas.
- La menor contaminación de las iniciativas de cooperación por las asimetrías existentes entre donantes y receptores.
- La menor o nula condicionalidad de la ayuda.
- El menor coste económico de las iniciativas.
- El impacto rápido y directo sobre la población beneficiaria.
- El respeto por la soberanía y la no intervención en las políticas del receptor.

El siguiente Cuadro muestra una imagen de cómo se proyecta la cooperación Sur-Sur desde los principales oferentes latinoamericanos.

---

[18]   *Ibíd.*
[19]   Lengyel, Miguel y Malacalza, Bernabé (2009), *op. cit.*

América Latina: proyección de la CSS por países oferentes (2008)

Oferente de CSS	Distribución de la CSS	Característica principal de la distribución de los flujos
Brasil	**África (52%)** América Latina y Caribe (34,6%) Asia (10%)	REGIONALES y EXTRARREGIONALES (*África: países de habla portuguesa, Asia: Timor oriental*)
Argentina	**América Central y Caribe (57,12%)** América del Sur (37,58%) Europa Oriental (2,05%) África del Norte (1,81%)	REGIONALES (*Países de América Central y Caribe y Países limítrofes de América del Sur*)
Venezuela	**América Central y el Caribe** América del Sur	REGIONALES (*Países miembros de ALBA*)
México	**América Central y el Caribe** América del Sur	REGIONALES
Chile	**Región Andina (64%)** Centroamérica (23%)	SUBREGIONALES
Cuba	**América central y Caribe** América del Sur África	SUBREGIONALES (*Caribe*)
Colombia	**Países limítrofes y el Caribe** América del Sur	SUBREGIONALES

Fuente: Tomado de Malacalza, Bernabé (2010), *Determinantes de la CSS Latinoamericana: quiénes, a quiénes y por qué cooperan*, Presentación en el Seminario Internacional "¿De qué hablamos cuando hablamos de Cooperación Sur-Sur y Triangular? Aportes desde la experiencia comparada en América Latina, Asia y África", organizado por FLACSO Argentina y el PNUD, y realizado en Buenos Aires los días 30 y 31 de agosto de 2010.

En este contexto de renovación de la cooperación Sur-Sur es importante tomar en cuenta algunas necesidades y oportunidades:

- *Creación de agencias de cooperación*: una de las debilidades de la cooperación Sur-Sur refiere a sus bajas institucionalización y coordinación, que le dan menos certeza y más fragilidad a sus acciones y a su sostenibilidad en el tiempo. Es por esto importante la creación de agencias de cooperación (en aquellos países donde aún no existan) que definan los lineamientos básicos y las acciones que como país se han acordado realizar en torno al tema de la cooperación; esto además facilita la coordinación con otras instancias y otros países que pueden evitar la caída en la fragmentación de las acciones.

- *Desarrollo de experiencias triangulares*: la cooperación triangular es una modalidad que involucra la acción de un país de renta alta, uno de renta media (que funciona como pivote) y el país receptor de renta baja o media.

Sjard y Schulz[20] señalan que en ciertos círculos se ha planteado la identidad de la cooperación Sur-Sur como enfrentada con la Norte-Sur, cuando en realidad se debe optar por la complementariedad de ambas, y de ahí que la cooperación triangular resulte en una modalidad apropiada para ello. Teóricamente, puede ser muy beneficiosa en tanto que promueva las asociaciones inclusivas.

Asimismo, en ocasiones este tipo de cooperación se ha visto como una forma de asegurar el compromiso a largo plazo de los países del norte, así como de lograr mayores recursos para la cooperación, pues una de las debilidades de la cooperación Sur-Sur es que cuenta con recursos económicos muy escasos, y por lo tanto generalmente se trata de que el país de renta alta destine los recursos económicos y el de renta media los recursos técnicos y

---

[20]   Sanín, María Clara y Schulz, Nils-Sjard (2009), *La Cooperación Sur-Sur a partir de Accra: América Latina y el Caribe*, FRIDE, Comentario, marzo de 2009.

humanos. Sin embargo, debe superarse esta visión de los países del norte como sólo donantes económicos, y llevar a que participen de forma activa, prestando su *expertise* y capacidades en el proceso. [21]

Por su parte, los mayores retos respecto a los países de renta media en este tipo de cooperación radican principalmente en el poder de la agenda del norte. En ocasiones, es el país del norte el que impone su agenda y sus campos de interés, con lo que de cierta forma se condiciona la ayuda y se pierde parte de la autonomía que caracteriza a la cooperación Sur-Sur.[22]

Otros de los retos que implica este tipo de cooperación se relacionan con la forma en que se distribuyan los aportes de cada parte, la planificación conjunta y la coordinación.

Los principales socios oferentes de este tipo de cooperación en la región son España, Japón, Alemania, Canadá y Brasil, y los principales socios ejecutores son México, Chile, Argentina, Colombia y Brasil.[23]

4.3. Mayor flexibilidad institucional, incorporando actores diversos

Una de las virtudes de la cooperación Sur-Sur es su flexibilidad. De hecho, "la diferencia de sus modelos, esquemas y mecanismos es, para muchos especialistas de la región, una de las características que supone una gran

---

[21]   Thompson, Andrew (2010), *Triangular Cooperation from the South-South Perspective*, Presentación en el Seminario Internacional "¿De qué hablamos cuando hablamos de Cooperación Sur- Sur y Triangular? Aportes desde la experiencia comparada en América Latina, Asia y África", organizado por FLACSO Argentina y el PNUD, y realizado en Buenos Aires los días 30 y 31 de agosto de 2010.
[22]   Lengyel, Miguel y Malacalza, Bernabé (2009), *op. cit.*
[23]   Malacalza, Bernabé (2010), *op. cit.*

riqueza y que no se debe perder en la apuesta por la eficacia de la ayuda."[24]

Como se ha venido señalando, la cooperación internacional debe incorporar las voces de los países receptores; de hecho, de éstos debe salir la determinación de las acciones necesarias y no de los donantes, y además debe incorporar las voces al interior de estos países.

Lamentablemente, la realidad muestra que este es un proceso débil, pues la cooperación internacional termina finalmente por desarrollarse en el ámbito eminentemente estatal, sin que sus acciones se comuniquen a las poblaciones y más preocupante aun, sin que se les pregunte. Pareciera que muchas de las acciones, diálogos, los debates y las decisiones respecto a la cooperación internacional tienden a quedarse en los altos niveles, donde se discute la política exterior, sin permear, informar o incorporar a las sociedades.

En este sentido, se requiere de un balance entre la participación gubernamental y las participaciones de las Organizaciones de la Sociedad Civil (OSC). El término balance es sumamente apropiado si se piensa que otro de los problemas de la cooperación internacional en los países receptores es que en ocasiones pasan por encima de las estructuras gubernamentales, quedándose en acciones fragmentadas y aisladas de organizaciones no gubernamentales, lo que finalmente no le deja aprendizaje ni aumenta las capacidades estatales del país. De ahí que el balance sea necesario.

Además, como se señala en la Agenda de Accra, los parlamentos deben jugar un rol activo en el diálogo y la discusión de las diferentes políticas y concepciones del desarrollo en un país, y sobre cómo la ayuda internacional puede incidir positivamente en el desarrollo nacional. La

---

[24]　Sanín, María Clara y Schulz, Nils-Sjard (2009), *op. cit.*, p. 2.

falta de este tipo de discusiones tiene consecuencias en que finalmente la ayuda se imponga al país receptor, que en muchas oportunidades no tiene claro hacia dónde quiere avanzar, o bien carece de la planificación para ello.

4.4. Débiles espacios de coordinación: hacia una arquitectura asociativa

El panorama internacional de la cooperación y la ayuda oficial al desarrollo muestra la debilidad en la coordinación y las deficiencias en las posibilidades para construir una arquitectura asociativa internacional que logre incorporar, definir y coordinar las diferentes modalidades de cooperación como forma de mejorar la eficacia de la ayuda para que finalmente se logren cambios sustanciales en el desarrollo de los países receptores. Para esto es necesario:

- Fomentar la interlocución con los países receptores.
- Construir consensos entre los donantes
- Mejorar los espacios para incentivar la coordinación entre donantes, ejecutores y receptores.
- Diseñar e impulsar una cultura de cooperación.
- Establecer políticas de Estado.

5. Cooperación Sur-Sur. Nuevos contextos del siglo XXI

Dado el renovado impulso que ha tenido la cooperación Sur-Sur en los últimos años, es necesario analizar y definir cuáles deben ser las realidades a las que tiene que dirigirse y responder esta modalidad de cooperación.

- Existe una nueva conciencia global sobre la necesidad de construir sociedades fundadas en desarrollo humano. Las consecuencias de las recetas del Consenso de Washington y la crisis financiera internacional evidenciaron el lado amargo de sólo buscar el desarrollo económico, y las fallas de las fórmulas y estructuras de la arquitectura financiera internacional y sus instituciones, que olvidaron y relegaron el hecho de que el fin último del desarrollo deben ser las personas. Hoy existe mayor conciencia de ello, siendo esto un aspecto positivo para la legitimidad de acciones de cooperación que partan de enfoques mucho más integrales y participativos, como el de desarrollo humano.

- Reconocimiento de la urgencia de alcanzar los ODM. Como se señaló anteriormente, los ODM no constituyen escenarios ideales de bienestar humano, sino más bien escenarios básicos, y por ello existe el reconocimiento de la necesidad de alcanzarlos. Se debe comprender la necesidad de adaptarlos a las distintas realidades, pues por ejemplo, en el caso de América Latina, si bien la pobreza no es tan grave como en otras regiones, la desigualdad es la más severa.

- Más allá de los debates respecto a su conceptualización, es apremiante alcanzar las metas de la seguridad humana: es preciso un mundo libre de temor y libre de necesidad.

- Se debe promover una cooperación fundada en la asociación y no en la imposición. La única condicionalidad legítima es la que se funda en valores compartidos, es decir, en la democracia. Si bien la Agenda de Accra propuso la aplicación de menores condicionantes y que éstos estuvieran acordados entre ambas partes, siendo de conocimiento público, lo cierto es que las condicionalidades para la ayuda al desarrollo sólo deberían estar dirigidas a temas como el establecimiento de una cláusula democrática; fuera de esto la ayuda debería dejar de ser condicionada. Las experiencias latinoamericanas muestran que muchas de estas condiciones llevaron a retrocesos o consecuencias negativas en los países de la región y que han impedido la apropiación nacional. Hay que evitar caer en los mismos errores que cometió la cooperación Norte-Sur.

- Las acciones de cooperación Sur-Sur necesitan establecer un modelo inclusivo que incorpore a los más diversos actores, en especial a los más vulnerables.

- A pesar de las bondades de la cooperación Sur-Sur, debe reconocerse que ésta también responde a intereses. La cooperación Sur-Sur se ha mitificado mucho, señalándose que ella es completamente altruista, pero no debe olvidarse que es resultado también de los intereses de los gobiernos.

Una de las razones estratégicas de por qué países como Argentina, Brasil y Chile son importantes donantes en la región, es que la cooperación constituye una acción estratégica para, por ejemplo, formar coaliciones en foros multilaterales, lograr el apoyo en determinados objetivos (tales como el de Brasil de reformar el Consejo de Seguridad de las Naciones Unidas para poder aspirar a un puesto permanente en el mismo), conseguir la participación en las discusiones sobre la reforma de las instituciones financieras internacionales, y alcanzar la participación en el G-20, entre otras.[25]

Es decir, las divergencias entre las modalidades Sur-Sur y Norte-Sur, más que derivarse de sus objetivos se desprenden de las diferencias en sus modos de acción y operación.[26]

---

[25]   Malacalza, Bernabé (2010), *op. cit.*

[26]   Schulz, Nils-Sjard (2009), *Poniendo en práctica París y Accra: Hacia una agenda regional en América Latina y el Caribe*, FRIDE, Desarrollo "En contexto", enero de 2009.

5.1. Cooperación Sur-Sur: nuevos requerimientos

El contexto anteriormente descrito implica una serie de nuevos requerimientos para la cooperación Sur-Sur:

- *Más y mejores conocimientos y conceptualizaciones*: las diferencias en las nociones y dimensiones de la cooperación Sur-Sur dificultan muchas veces su convergencia, llevando a fragmentaciones, duplicación de esfuerzos o aislamiento de las medidas, lo que finalmente puede reducir la eficacia y el potencial que tendrían acciones más coordinadas en un mismo país.

- *Mayor rol de las universidades y los académicos*: son de suma importancia la investigación y la formación académica en cooperación al desarrollo, y aquí la Facultad Latinoamericana de Ciencias Sociales puede ejercer un rol determinante. La FLACSO es un ejemplo de cooperación en educación superior entre países con grados diferentes de desarrollo, cuyos esfuerzos promueven el intercambio de conocimientos e investigaciones. El papel de instituciones como la FLACSO en la cooperación al desarrollo no sólo es importante por representar un ejemplo de buenas prácticas en sí mismo, sino además porque mediante ellas pueden generarse los canales para la coordinación de acciones y su adecuación a las políticas públicas de los países.[27]

- *Mayor transparencia y efectividad en los procedimientos*: esto implica una profesionalización en el sector, el establecimiento de estándares comunes y la sistematización de información y prácticas. El *know how*

---

[27] Valenti, Giovana (2009), "La brújula de la Cooperación Sur-Sur. Una Visión desde la Educación Superior", Documento presentado en el Seminario Internacional "La crisis financiera global: impactos en la reforma de las Naciones Unidas y en la cooperación para el desarrollo", organizado por FLACSO, Fundación Carolina y el Gobierno de Cuba, y realizado en La Habana en febrero de 2009.

es uno de los instrumentos más importantes de la cooperación Sur-Sur, de ahí que la necesidad de la sistematización y comunicación de las acciones de los diferentes países represente una herramienta muy útil para mejorar esta modalidad de cooperación.

De hecho, Lengyel[28] señala como dificultades para el conocimiento orientado a la formulación de políticas públicas la ausencia de la sistematización de datos para evaluar la cooperación Sur-Sur, la necesidad de compilaciones sobre experiencias prácticas, y las limitadas capacidades estatales para la formulación, implementación y evaluación de la cooperación Sur-Sur.

- *Desarrollo de espacios de diálogo y coordinación*: aquí debe haber un esfuerzo de los gobiernos por aumentar su comunicación y la coordinación de sus acciones, tanto a nivel intergubernamental como desde el gobierno hacia su sociedad.

- *Consolidar y crear espacios institucionales*: las agencias de cooperación nacionales han demostrado que constituyen un instrumento muy importante.

- *Difundir la acción de las existentes*: la Secretaría General Iberoamericana (SEGIB) y la Alianza Bolivariana para las Américas (ALBA) son instituciones con mucha práctica y conocimiento respecto a la cooperación Sur-Sur. El renovado impulso de esta cooperación no debe llevar a la creación de múltiples espacios sin objetivos claros, sino que deberían difundirse y fortalecerse los ya existentes.

---

[28]   Legyel, Miguel (2010), "La Cooperación Sur-Sur: tendencias y cuestiones conceptuales y analíticas", Presentación en el Seminario Internacional "¿De qué hablamos cuando hablamos de Cooperación Sur-Sur y Triangular? Aportes desde la experiencia comparada en América Latina, Asia y África", organizado por FLACSO Argentina y el PNUD, y realizado en Buenos Aires los días 30 y 31 de agosto de 2010.

6. Rol de la Facultad Latinoamericana de Ciencia Sociales

La Facultad Latinoamericana de Ciencias Sociales (FLACSO) fue desde sus inicios, hace 54 años, concebida como un espacio regional amplio y autónomo para la producción de nuevo conocimiento, como punto de encuentro, diálogo y cooperación entre la academia y el mundo de las políticas públicas, y como un espacio privilegiado para la profundización de la integración latinoamericana y caribeña.

Es una institución pionera en cooperación internacional. Ejecuta, impulsa y desarrolla programas de cooperación técnica y académica en diversos países de América Latina y el Caribe en el ámbito de las Ciencias Sociales. Estos programas los ejecuta en asociación con gobiernos de la región y con gobiernos ajenos a ella, con entidades internacionales, universidades y centros académicos. Es así como sus diferentes unidades académicas, localizadas en trece países de la región, participan activamente en diversos programas de cooperación, tanto Sur-Sur como triangular. Estos convenios se expresan en la elaboración de importantes investigaciones, como también en la impartición de cursos, posgrados, maestrías y doctorados. Además, la cooperación intralatinoamericana es muy activa, se busca promover el desarrollo y la realización de proyectos de investigación conjunta entre varias unidades académicas.

Las acciones impulsadas por la FLACSO parten del reconocimiento de la diversidad y el pluralismo de la región, así como de sus asimetrías, las cuales deben ser superadas. Este reconocimiento le ha permitido, por medio de la activa cooperación, conocer, impulsar y/o difundir lecciones aprendidas y buenas prácticas que pueden servir a los distintos países de la región como base para generar sus propias alternativas.

La misión de la FLACSO se relaciona con la difusión de conocimientos de las Ciencias Sociales, y sobre todo, de los resultados de las propias investigaciones. También con la incentivación del intercambio de materiales de enseñanza de Ciencias Sociales en la región y la promoción de la cooperación. En este sentido, la FLACSO se ha comprometido a lo largo de su existencia a realizar todas aquellas actividades académicas vinculadas con las Ciencias Sociales que promuevan y conduzcan al desarrollo y la integración de los países de la región latinoamericana y caribeña.

La FLACSO ha logrado contribuciones sustantivas en diversas áreas de cooperación:

- *Cooperación política*: mediante la construcción de espacios plurales en donde participan diversos actores.
- *Cooperación técnica*: formulando propuestas de acción en ámbitos como la democratización, las interpretaciones sobre el desarrollo, medidas de confianza mutua y seguridad, y los procesos de paz en América Central.
- *Cooperación cultural*: mediante la formación de más de 5.000 profesionales.
- *Cooperación interinstitucional*: con universidades, organismos internacionales, ONG y otras.
- *Cooperación al desarrollo y la integración regional*.

Las actividades de la FLACSO a lo largo de los años la han situado como un efectivo puente entre las políticas públicas, la academia y los intelectuales.

EL DESAFÍO DE LA COOPERACIÓN SUR-SUR EN AMÉRICA LATINA. EL CASO DEL ABC EN HAITÍ

Miguel Lengyel[29]

1. La reemergencia de la cooperación Sur-Sur

La aparición de formas de cooperación internacional distintas a la cooperación Norte-Sur (CNS) no es un fenómeno reciente. Para situar históricamente su nacimiento, especialistas de la Unidad Especial de Cooperación Sur-Sur (CSS) del Programa de Naciones Unidas para el Desarrollo (PNUD) han escogido como fecha de referencia 1954, siendo Tailandia el primer ejecutante de dichas iniciativas.[30] De allí es que cuando hablamos de CSS debemos tener presente una primera cuestión: se trata de un fenómeno con historia, y no de una dinámica nueva en el sistema internacional de cooperación para el desarrollo. En este sentido, resulta más adecuado hablar de un resurgimiento o reemergencia de la CSS en el último decenio, que de la aparición de nuevas modalidades de cooperación.[31]

Al igual que la CNS, no es posible comprender aquella lógica de la CSS sin hacer referencia al marco geopolítico de su emergencia. Se trata del proceso de surgimiento de

---

[29]   Director de la Sede Académica de FLACSO Argentina.
[30]   SEGIB (2008), *Informe Cooperación Sur-Sur II,* Madrid, SEGIB.
[31]   Lengyel, Miguel y Malacalza, Bernabé (2009), "Potencialidades y desafíos de la Cooperación Sur-Sur: lecciones de Haití", Documento presentado en "Seminario Internacional: La crisis financiera global: impactos en la reforma de las Naciones Unidas y en la cooperación para el desarrollo", La Habana, Cuba, 2009.

la conciencia del sur y de su manifestación en las relaciones internacionales a partir de la Conferencia de Bandung (1955), cuando la solidaridad entre los países en desarrollo se convierte en una herramienta y un objetivo del llamado "Tercer Mundo". Fue ese el punto de arranque de un diálogo político entre países en desarrollo, que puso de manifiesto la necesidad de articulación para reducir las asimetrías del sistema internacional.[32] Luego, ese imperativo político-ideológico se tradujo en iniciativas como la creación del Movimiento de Países No Alineados (1961) y del Grupo de los 77 (1964).

Esta articulación Sur-Sur, que se gestó en principio como una concepción "tercermundista", fue modificando su significado para convertirse en la actualidad en una de las fuentes de financiación al desarrollo con mayor relevancia en escala, visibilidad y calidad. En los últimos años, la cooperación al desarrollo de fuentes distintas a las del Comité de Asistencia al Desarrollo de la Organización para la Cooperación y el Desarrollo (CAD / OCDE) ha aumentado a US$ 12.600 millones, lo que equivale al 10% de todas las corrientes de cooperación para el desarrollo[33] (véase el gráfico 1).

---

[32]   Ayllón Pino, B (2009), "Cooperación Sur-Sur (CSS) y gobernanza multilateral del sistema de ayuda: Implicaciones para la cooperación española", en *FRIDE Comentario*, Madrid, FRIDE.

[33]   ECOSOC (2008), *Tendencias y avances de la cooperación internacional para el desarrollo*, Informe del Secretario General, 23 de mayo de 2008, p. 11.

Gráfico 1
Fuente de cooperación al desarrollo. 2006

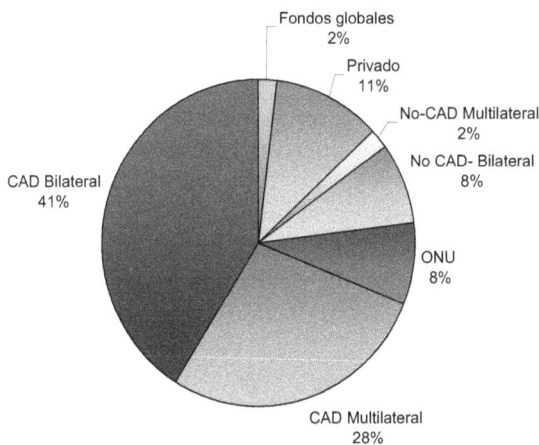

Fuente: ECOSOC (2008), *Tendencias y avances de la cooperación internacional para el desarrollo. Informe del Secretario General,* 23 de mayo.

Asimismo, cabe consignar que, como producto de este aumento del flujo de ayuda "no CAD", la Cooperación Internacional al Desarrollo (CID) está perdiendo parte de su carácter multilateral. Si bien la ayuda multilateral sigue representando alrededor del 40% de las corrientes mundiales, la aceleración de la proliferación de agencias nacionales de cooperación en los gobiernos de países en desarrollo ha vigorizado el carácter bilateral de la ayuda.[34] Así, la reemergencia de la CSS coincide con una etapa de creciente protagonismo de los denominados Países de Renta Media (PRMs)[35] como donantes bilaterales. Se trata

---

[34]   ECOSOC (2008), *op. cit.,* p. 11.
[35]   El Banco Mundial ha adoptado un criterio de clasificación, basado en el PBI, que subdivide a los países en: países de renta baja (PRB), países

de países que han alcanzado algunos avances relativos en determinadas áreas económicas, sociales y políticas y que se ubican como bisagra y eje de vinculación entre los países desarrollados y los países menos desarrollados.

En América Latina, pese a que todavía no se dispone de sistemas estadísticos de los recursos financieros movilizados por los PRM, es posible verificar también una expansión de la oferta de cooperación y de bienes públicos regionales de estos donantes en los últimos años. En particular, esta tendencia parece manifestarse con cierta claridad en las agendas externas de países como Argentina, Brasil, Chile, Colombia, Venezuela y México, que sirven como puentes de la cooperación internacional hacia otros países de la región.

2. Haití: el gran laboratorio latinoamericano de la cooperación Sur-Sur

La historia de la cooperación internacional en Haití –el país más pobre de América Latina– es larga, cíclica y frustrante. En la década de 1990, pese a que Haití recibió más de US$ 4.000 millones de ayuda, su índice de desarrollo

---

de renta media (PRM) y países de renta alta (PRA). A su vez, la categoría de PRM se subdivide en: países de renta media baja (PRMB) y países de renta media alta (PRMA). De acuerdo con los indicadores de 2007, aquellos que tienen un PBI *per capita* de US$ 936-3507 son considerados PRMB, los que tienen un PBI *per capita* de US$ 3706-11455 son clasificados PRMA. Una categorización reciente de la CSS identifica a dieciocho países del Sur que proveen asistencia para el desarrollo, que se subdividen en dos grupos, de acuerdo con el volumen de sus aportes para la cooperación. El grupo principal está compuesto por Brasil, China, India, Kuwait, Arabia Saudita, Sudáfrica, República de Corea, Turquía, Emiratos Árabes Unidos y Venezuela. El grupo secundario está formado por Argentina, Chile, Egipto, Israel, Malasia, Singapur, Tailandia, Túnez. ECOSOC (2008), *op. cit.*

humano cayó del puesto 150 al 154. Mientras que en el periodo 2000-2004 el desgaste de los donantes se tradujo en una merma gradual del total de la ayuda e instaló en la agenda pública la necesidad de reformular el modelo de cooperación entre los países del norte y Haití (ver el gráfico 2).

Gráfico 2
Flujo de AOD neta destinada a Haití. 1994-2005
(valor absoluto en millones de dólares corrientes)

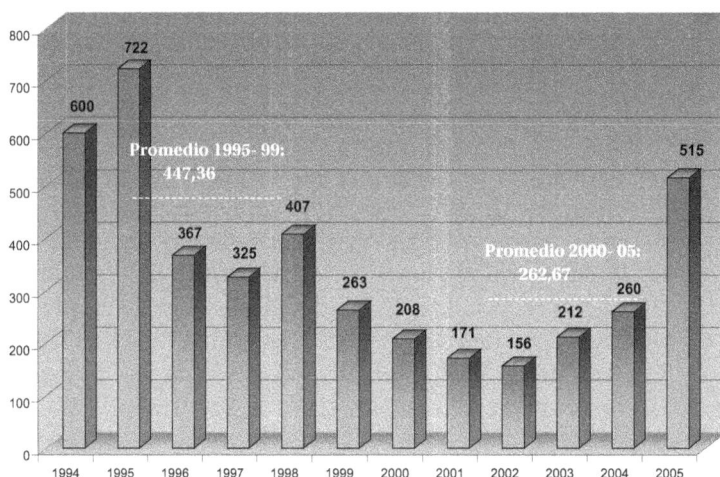

Fuente: SEGIB a partir de datos de CAD (OCDE) (2007).

El año 2004 marcó un punto de inflexión para Haití. Tras el estallido de violencia que desencadenó la renuncia del presidente Jean B. Aristide, el nuevo gobierno interino solicitó la intervención de una misión de paz de Naciones Unidas (MINUSTAH), como ya había ocurrido en 1993 y 1997, pero en esta oportunidad con una composición distinta: más del 50% del contingente provendría de países latinoamericanos. A su vez, esta presencia singular y novedosa de la región se combinó con un nuevo y emergente protagonismo en el campo de la ayuda al desarrollo. Algo que Haití, con una larga historia como receptor, no había experimentado.[36]

En este sentido, si bien el tipo de cooperación que Haití recibe de la región varía en función del donante, en el caso de Argentina, Brasil y Chile (ABC) pueden destacarse algunos aportes:

(1) Envío de un contingente militar y policial que representa más del 50% del total de la MINUSTAH y que implica un compromiso político relevante a mediano plazo con el país.

(2) Desembolso de una suma superior a los US$ 25 millones en más de treinta proyectos de cooperación bilateral horizontal en áreas de desarrollo agrícola, educación, medio ambiente y salud, entre otras.

(3) Promoción de mecanismos más efectivos de coordinación de la ayuda y apropiación de la misma por parte del gobierno haitiano. Puede citarse como ejemplo la labor que han desarrollado Argentina, Brasil, Chile y Uruguay (ABC+U) desde 2005 con el impulso a los mecanismos *ad hoc* 2x4, 2x7 y 2x9 centrados en la coordinación de posiciones y políticas para el manejo de las crisis haitiana.[37]

---

[36] Lengyel, Miguel; Malacalza, Bernabé y Cornejo, Thury (2009), *La eficacia de la ayuda al desarrollo en contextos de fragilidad estatal: Haití y la Cooperación Latinoamericana*, Avances de Investigación. Fundación Carolina, 2009, Madrid, España. Disponible en línea: www.fundacion-carolina.es/es-ES/publicaciones/.../AI34%20Haití.pdf

[37] La cooperación latinoamericana en Haití ha sido promotora de mecanismos de coordinación política entre los países y el gobierno haitiano. Desde mayo de 2005, con la reunión del 2x4 entre Argentina, Brasil, Chile y Uruguay, se ha puesto en funcionamiento un grupo de trabajo entre representantes de estos gobiernos para tratar temas relativos al desempeño de la MINUSTAH y al estado de las ayudas y la cooperación

(4) Participación en modalidades de coordinación de la ayuda de los países desarrollados. Aquí cabe destacar la presencia del ABC con un asiento permanente en el foro G-10 junto con los principales donantes, y que se debe a un pedido del gobierno haitiano.[38]

Asimismo, luego del terremoto de enero de 2010 se ha extendido y reforzado la contribución del ABC. Así, durante la Conferencia Internacional de Donantes para Haití celebrada en Nueva York, la Argentina se comprometió a contribuir con más de US$ 18.000 para la reconstrucción del devastado país caribeño, en lo que constituye la mayor donación de toda su historia, mientras que Brasil aportará US$ 172 millones, convirtiéndose en el cuarto donante de Haití, detrás de EE.UU., la Unión Europea y Canadá.

Si bien la cantidad de fondos de cooperación comprometidos ha sido inferior en comparación a los desembolsados por los donantes del norte, los países del ABC han aportado un conjunto de conocimientos fundamentales que los donantes tradicionales no están en condiciones de proporcionar y que son valorados por el gobierno haitiano. Estos aportes consisten en la transmisión de aprendizajes y *know how* sobre (I) cómo producir riqueza en un país pobre; (II) cómo respetar los derechos humanos en una situación de conflicto –una idea latinoamericana del contexto

---

al desarrollo en Haití. A este grupo se sumaron luego Ecuador, Guatemala y Perú, constituyendo el mecanismo 2x7 con la voluntad de mantener el componente latinoamericano proactivo en la búsqueda de condiciones de seguridad y paz para Haití, y en miras a la consolidación democrática acompañando los objetivos prioritarios identificados por el gobierno haitiano. Finalmente, esta participación latinoamericana se amplió en el mecanismo 2x9 incorporando a Bolivia y Paraguay, además de Panamá (miembro del Consejo de Seguridad de ONU).

[38] Desde enero de 2008, la troika ABC posee un asiento en el Comité Conjunto de Coordinación Estratégica del G-10 (Grupo de los Diez), compuesto por Bélgica, Canadá, Francia, Alemania, Italia, Japón, Países Bajos, Suecia, Estados Unidos, Reino Unido y Suiza.

posdictaduras de que primero es necesario garantizar la legitimidad con las elecciones para poder pacificar, y no a la inversa–; y (III) cómo concebir planes de desarrollo en contextos de crisis económica y pobreza estructural.

Por estos motivos, la experiencia que los países del ABC mantienen a través de diversos programas de CID orientados a contribuir al proceso de reconstrucción del Estado, las bases económicas y el tejido social de Haití, se ha ido consolidando como un caso modelo. Su especificidad en relación con otro tipo de cooperación (instituciones multilaterales, organizaciones no gubernamentales y otros actores bilaterales) se refiere a la presencia de los PRM, sus mecanismos de coordinación, sus visiones y sus estrategias para el despliegue de sus agendas de AOD en la CSS (ver el gráfico 3).

Grafico 3
Donantes bilaterales en Haití. 2004-2008

	Donantes del norte miembros del CAD	PRM que participan de MINUSTAH	Otros donantes
Países	Estados Unidos, Canadá y Francia, España, etc.	Argentina, Brasil y Chile (ABC).	Venezuela y Cuba.
Mecanismos de coordinación	Conferencias de donantes.	2x4, 2x6 y 2x9. Asiento en G-10.	Petrocaribe y otros.
Ejes temáticos	Fortalecimiento institucional, seguridad, etc.	Seguridad alimentaria, educación, salud, medio ambiente, energía.	Energía y salud.
Cooperación	Norte-Sur.	Sur-Sur.	Sur-Sur.

Fuente: Elaboración propia en base a datos del MCI y de Informes de prensa de los donantes.

El gráfico anterior intenta discriminar la contribución de los PRM latinoamericanos en Haití respecto al resto de la cooperación bilateral. Como puede observarse, los programas de cooperación de estos actores presentan características y criterios diferentes en la gestión de la ayuda. Esto es: la CNS de los miembros del CAD, la CSS de PRM latinoamericanos[39] que participan de MINUSTAH y la CSS de donantes que no participan de MINUSTAH difieren en cantidad y calidad. Estas diferencias no sólo reflejan perfiles distintos de la cooperación sino también diferentes visiones (percepciones del donante acerca de la relación de cooperación entre donante y receptor y selección de una agenda de temas pasibles de cooperación) y estrategias de ayuda externa. Advertido ese escenario, puede citarse que el aporte del ABC comparte una doble característica identitaria: la de ser un tipo de CSS y la de participar directamente del proceso de reconstrucción a través de MINUSTAH. En contraste, la cooperación de Venezuela y Cuba no se canaliza mediante MINUSTAH ni a través de la cooperación triangular, aunque sí se concreta en proyectos bilaterales con alto impacto y aceptación en la sociedad haitiana.[40]

---

[39] Cabe aclarar que México (que no participa de MINUSTAH) también ha brindado cooperación a Haití aunque en la esfera humanitaria (catástrofes) y de modo menos permanente. Asimismo, Uruguay tiene una participación importante en el envío de tropas militares, pero no ha incursionado en la esfera de la CID

[40] El caso de Cuba representa una contribución importante en las esferas de salud, con la asistencia técnica de más de 500 profesionales médicos y en el área de cultura mediante la implementación de programas de alfabetización. En el caso de Venezuela se destaca la ayuda, que en forma de financiación concesional, otorga a partir de la firma del Acuerdo Energético de Caracas del año 2000. Conforme a este acuerdo, Venezuela entrega 6.500 barriles de petróleo diario a Haití y le financia el 25% de la factura resultante, ello en condiciones ventajosas respecto a las que rigen en el mercado internacional. Asimismo, en el marco de Petrocaribe, una iniciativa nacida en 2005 concebida como una organización para articular políticas energéticas en el Caribe, suministra diesel y gas con financiación especial (SEGIB, 2007).

A diferencia de la relación Sur-Sur de Venezuela y Cuba con Haití, que se plantea como un modelo alternativo a la CNS, el perfil de la oferta del ABC es variado, flexible, de nula condicionalidad, de fácil adaptación a la realidad haitiana y refleja las potencialidades de cada país según sus áreas más desarrolladas en coordinación con las demandas de cooperación del gobierno haitiano, y en algunos casos, en complementación con la cooperación de los donantes del CAD de la OCDE.

En el caso del Brasil, su protagonismo es comparativamente más significativo en relación con el de Chile y Argentina. Según la Agencia Brasileña de Cooperación (ABC), el 77% de los proyectos de CID de Brasil en el Caribe se encuentran localizados en Haití. Además, en términos financieros hay que sumar un costo de presencia militar estimado en unos US$ 300.000.000 (con 1.200 efectivos) para el periodo 2004-2008 y un desembolso de fondos líquidos, desde 2005 hasta 2007, de más de US$ 20.000.000. Se destacan aquí proyectos de cooperación en las áreas de desarrollo agrícola, educación, medio ambiente, materia electoral, recursos hídricos y forestales, manejo de residuos sólidos, combate contra el trabajo infantil y biocombustibles y etanol.[41] Sin embargo, los proyectos de mayor visibilidad se concentran en obras de infraestructura con el aporte de ingenieros y en la construcción de una represa hidroeléctrica, sobre la cual ya existen estudios de prefactibilidad y cuyo coste está calculado en unos US$ 71.000.000, con capacidad para producir 32 megavatios, lo suficiente para abastecer a Puerto Príncipe, la capital haitiana, y ser utilizada para irrigación de la producción agrícola. Asimismo, en la esfera de la seguridad alimentaria, Brasil ha comprometido una

---

[41]   Valler Filho, W. (2007), *O Brasil e a Crise Haitiana: A Cooperação técnica como instrumento de solidariedade e de ação diplomática,* Mimeo.

suma de US$ 4.000.000 para fomentar la agricultura familiar, generando renta y produciendo alimentos.

En el caso de Chile, buena parte de los esfuerzos de CSS se ha concentrado en el área de educación, seguida –en orden descendente– por iniciativas en las áreas de infancia, cultura, tecnología, seguridad, desarrollo rural, medio ambiente, alimentación, salud y vivienda. En estos sectores se destacan actividades de formación a la policía haitiana y un programa de transferencia de conocimientos sobre educación en el área rural en el que se trabaja integralmente en educación sexual, salud y nutrición.[42]

En el caso de la cooperación Argentina, el "Pro-Huerta" es la punta de lanza, ya que ha servido como un ejemplo exitoso de asociación Sur-Sur y Norte-Sur-Sur en la cooperación al desarrollo. Si bien este programa se limitaba inicialmente a brindar apoyo técnico e insumos a la producción orgánica de alimentos frescos a huertas de uso familiar o comunitario en la zona de Gonaïves, donde está instalado el Batallón Argentino desde 2004, su capacidad de adaptación a las condiciones locales le ha permitido una mayor participación social, logrando capacitar a 3.000 promotores locales e incluir a más de 200.000 personas en cien municipios. En efecto, estos resultados han sido reconocidos por otros donantes, como el Fondo Internacional para el Desarrollo Agrícola (FIDA), la Agencia Española de Cooperación Internacional y Desarrollo (AECID), y el Gobierno de Canadá, que han apoyado la extensión de las actividades del Pro Huerta.[43]

Pese a que en los tres casos se trata de aportes económicos relativamente pequeños para un contexto de grandes urgencias sociales, la CSS ofrece algunas ventajas

---

[42]   Disponible en línea: www.chilehaiti.cl

[43]   Lengyel, M (2009), "Argentina en Haití y la Cooperación Sur-Sur", en *Revista DEF*, Buenos Aires, Taeda Editora, junio de 2009.

comparativas: es preferida por los haitianos, que tienen
una mirada escéptica respecto al manejo tradicional de
la ayuda, y es atractiva para los donantes del norte, que
a través de la CSS encuentran mayor legitimidad y re-
ceptividad para sus proyectos mediante la Cooperación
Triangular[44]. De esta manera, la participación del ABC en
Haití constituye un caso testigo de las posibilidades que
ofrece la cooperación dentro de la región para abordar
problemas políticos y socioeconómicos agudos o de enver-
gadura. Más aun, y muy probablemente, la forma en que
esta experiencia evolucione tendrá un impacto inevitable
sobre la percepción de los PRM latinoamericanos acerca
del significado de repetir iniciativas de este tipo. En este
sentido, no hay dudas de que el test más duro y decisivo
con respecto a estas cuestiones es el grado de efectividad
que demuestren las acciones de cooperación para dar
respuesta a problemas tales como la reconstrucción del
Estado y del tejido social de Haití.

3. La cooperación Sur-Sur en la práctica: lecciones y recomendaciones

La participación del ABC en iniciativas de CSS está
relacionada con la posibilidad de incrementar sus márgenes de maniobra en la región y desempeñar un nuevo
rol internacional que les permita, entre otras cuestiones,
robustecer su proyección internacional y regional, generar
iniciativas de cooperación de su propia cosecha basadas en
el vínculo entre seguridad, democracia y desarrollo, reafir-
mar su compromiso con los principios de la democracia,
el multilateralismo y la reducción de la pobreza a escala
global, generar confianza entre los países donantes del

---

[44]   Lengyel, Miguel y Malacalza, Bernabé (2009), *op. cit.*

CAD afianzando la triangulación y consolidar instancias regionales institucionalizadas de coordinación de la ayuda en sintonía con los países receptores.

Sin embargo, pese al optimismo que despierta este nuevo papel protagónico como un factor que favorece a un mayor equilibrio en la distribución de poder global entre los Estados, los PRM enfrentan algunas dificultades no menores para la implementación de sus programas de ayuda, básicamente en relación con su doble lógica de responsabilidades como donantes, y al mismo tiempo, como receptores. En ese sentido, cabe destacar algunas recomendaciones extraídas de la experiencia del ABC en Haití y que son útiles para la implementación de acciones CSS de cara al futuro.

(1) Dar continuidad a proyectos de largo alcance. La combinación de demandas específicas con motivaciones políticas en el diseño de la cooperación trae problemas en la continuidad de los proyectos. Un lugar común es que muchas de las iniciativas de CSS se presentan con grandes anuncios de los gobiernos y promesas de fondos, pero sin procurar garantizar un monitoreo permanente sobre la implementación de los acuerdos. Luego, en la práctica, lo que finalmente ocurre es que la CSS suele implicar acciones puntuales en lugar de apuntalar proyectos de largo alcance y sostenibles.

(2) Valorar el diagnóstico ex ante. La experiencia latinoamericana como ejemplo de adaptación a las condiciones de base y a las necesidades locales de Haití, ha demostrado que para analizar la viabilidad de un proyecto de cooperación es necesario un esfuerzo previo de diagnóstico ex ante con la participación de las autoridades locales para entender los procesos internos, identificar los interlocutores locales estratégicos, y procurar una adecuación entre los compromisos internacionales y las prioridades domésticas de política.

(3) Promover la participación local. Los proyectos de cooperación del ABC en Haití demuestran también que existe un valor innegable en concebir y desarrollar las acciones de cooperación directamente en el terreno y a través de una colaboración sistemática con contrapartes haitianas relevantes. La idea ha sido poder incorporar la participación local en el diseño, implementación, monitoreo y evaluación de las iniciativas, programas y proyectos para asegurar la apropiación por parte de los beneficiarios y la generación progresiva de capacidades locales. Cabe citar como ejemplo los resultados alcanzados por el proyecto Pro Huerta de Argentina como una muestra de trabajo comunitario y esfuerzo colectivo que aporta productividad y acrecienta el impacto de la CSS.

(4) Rechazar los enfoques de receta única. Los países del ABC vienen de extraer una serie de lecciones acerca del fracaso de la aplicación de medidas de ese tipo inspiradas en el Consenso de Washington. Por ese motivo, rechazan el enfoque de la cooperación –muchas veces prevaleciente en la CNS tradicional– de "receta única" o de mero "transplante" de instituciones sin la debida consideración a las particularidades y los requerimientos locales. En otras palabras, implica romper con las premisas de "validez universal" y de "monopolio del conocimiento" que suele caracterizar la cooperación entre países desarrollados y países en desarrollo y favorecer la apropiación de la ayuda por el receptor.

(5) Institucionalizar la coordinación. El intento del ABC de plasmar mecanismos de coordinación de la ayuda, como el 2x9, es una muestra de cuán necesario es profundizar, consolidar y, fundamentalmente, institucionalizar la coordinación para poder articular más eficazmente la focalización de los esfuerzos individuales en áreas donde cada uno de los países tiene *expertise* / conocimiento previo

y, a la vez, para contribuir a la identificación de áreas o problemáticas para la acción conjunta.

(6) Mantener una relación gobierno-gobierno fluida. Esta relación ha sido clave particularmente en el caso de una cooperación multidimensional como la del ABC en Haití. En una cooperación que aborda al mismo tiempo cuestiones de seguridad interna, de protección de derechos humanos, cohesión y estabilidad política, condiciones para el desarrollo sostenible y provisión de bienes públicos, la vinculación con las autoridades políticas es clave para dar impulso y coordinar las iniciativas. Es necesario mantener un diálogo fluido con las autoridades haitianas y privilegiar los proyectos que se implementan a través de las burocracias estatales, aun pese a las dificultades que se encuentran por la falta de capacidades institucionales.

(7) Ponderar adecuadamente el rol de las ONG en la cooperación. Esta es una lección que se verifica especialmente en Haití, donde se comprueba una enorme presencia e influencia de organizaciones no gubernamentales (ONG) (cerca de 750 que canalizan algo así como el 70% de los fondos de la CID) que no necesariamente garantiza resultados y calidad de la cooperación. En particular, es importante puntualizar que esta cuestión requiere identificar cuándo la acción de las ONG sustituye o desplaza el rol del Estado en la provisión de servicios, dificultando el desarrollo de capacidades y también la construcción de puentes entre el Estado y la ciudadanía. En algunos casos, la colaboración de las ONG puede ser sumamente positiva, y en otros no tanto. Cabe entonces advertir los riesgos de modo de poder controlar el impacto negativo de la cooperación por esa vía.

(8) Crear cuadros o agentes estatales preparados y con líneas directrices claras para la interacción. A los problemas de organización y escasez de recursos del ABC se suman la falta de cuadros locales haitianos con capacidad y/o tiempo para trabajar en conjunto, la barrera lingüística (francés o

creole), la multiplicidad y dispersión de ofertas de asistencia técnica así como las dificultades propias de la relación entre los cuadros nacionales y los extranjeros. Se recomienda entonces propiciar medidas para el fortalecimiento de las capacidades institucionales de los donantes y sus agencias de cooperación así como la formación y capacitación de interlocutores haitianos para llevar a buen puerto la CSS.

(9) Definir una estrategia de cooperación con una agenda de trabajo preestablecida con una focalización temática. En muchas ocasiones, por las especificidades de la demanda haitiana, el trabajo de las agencias estatales del ABC se ha dado de modo disperso y aislado sin una estrategia amplia en la que se encuadren la totalidad de las actividades. En ese sentido, los equipos de trabajo necesitan incorporarse no como un grupo de cooperantes o consultores con una tarea o funciones específicas preestablecidas, sino como funcionarios de gobierno y –por consiguiente– pares de los equipos de trabajo haitianos.

(10) Construcción de un conocimiento institucional mutuo y mayor difusión de las actividades de cooperación. Contrariamente al caso de las agencias de cooperación de los donantes tradicionales instaladas en Haití, en las que ya existían canales de comunicación fluidos, conocimiento de estilos de trabajo, experiencias compartidas o relaciones personales entre agentes, la relación donante / receptor del ABC-Haití tuvo que ser construida a través de una etapa exploratoria inicial y –a fin de cuentas– recíproca. Esta situación, a su vez, ha demostrado incluso la necesidad de propiciar una mayor difusión de las actividades de cooperación del ABC, dado que, en muchos casos, las autoridades locales desconocían los proyectos de estos países.

(11) Ponderar adecuadamente la necesidad de aplicar los principios de la Declaración de París. Si bien la Declaración de París se trata de una iniciativa de la OCDE que en principio no contemplaba aspectos relativos a la

CSS, su contenido presenta una hoja de ruta práctica y orientada a la acción con unos objetivos específicos para donantes y receptores para el 2010, organizados alrededor de principios sin duda necesarios para lograr mayor efectividad de la ayuda como la apropiación, la alineación, la armonización, la gestión orientada a resultados y la responsabilidad mutua. Estos principios no han sido debidamente ponderados por la cooperación latinoamericana, que no ha prestado la atención suficiente a la implementación de la Agenda de París.

(12) Contemplar debidamente la complementariedad entre la cooperación Sur-Sur y la cooperación Norte-Sur. Si bien en la CSS latinoamericana coexisten miradas disímiles acerca de la CSS, la necesidad de financiamiento de los nuevos donantes da cuenta de que no deben pasarse por alto los beneficios de articular con los donantes del CAD. Sin embargo, la cooperación triangular no sólo es un mecanismo de financiación sino que además plantea desafíos de planificación conjunta y aprendizaje mutuos entre donantes tradicionales y nuevos donantes. Estos ejercicios conjuntos a la vez pueden servir a la necesidad del sur de responder a los principios de eficacia de la ayuda planteados en París y Accra, ya que la experiencia de los donantes del CAD en la implementación de los proyectos puede ser orientativa para los nuevos donantes, y de ese modo, fortalecer las capacidades institucionales de los proveedores de CSS[45].

(13) Sistematizar la información para el intercambio de buenas prácticas. La fragmentación de los esfuerzos y la ausencia de datos y análisis sobre la CSS son obstáculos

---

[45] Sanin Betancourt, M. y Schulz, N (2009), "La cooperación Sur-Sur a partir de Accra: América Latina y el Caribe", en *Comentario FRIDE*, marzo de 2009. Disponible en línea: http://www.fride.org/publicacion/585/la-cooperacion-Sur-Sur-a-partir-de-accra-america-latina-y-el-caribe

para la eficacia de la ayuda. Es imprescindible que los países del sur inviertan en mejores sistemas de información, estadísticas y sistemas de seguimiento y evaluación de sus actividades de cooperación. Ello permitirá una mayor transparencia y más claridad con respecto a los volúmenes financieros y una mayor difusión y conocimiento de las buenas prácticas entre los países del sur.

(14) Asignar un nivel de prioridad alto a la cooperación Sur-Sur en las estrategias de los países. Cuando la CSS no ocupa un lugar central en las estrategias de política exterior de los países, la movilización de fondos y la articulación de las acciones son una tarea compleja y de difícil concreción que termina por desgastar a la cooperación. Es decir, las cancillerías de los países deberían definir a la CSS como uno de los ejes estructurantes de la política exterior, pues ello permitiría robustecer la proyección internacional y regional de sus países, y al mismo tiempo, contribuir a una mayor eficacia de la ayuda.

En este aspecto, la experiencia del ABC es una muestra clara de las diferencias en las concepciones sobre la CSS que tienen los países. En el caso de la cooperación brasileña en Haití es palpable que el grado de compromiso y la puesta en disponibilidad de fondos son altos en función del lugar relevante que se le asigna al destino en la agenda exterior. Brasil tiene en claro que liderar la fuerza de paz y cooperar con Haití es una llave de entrada al Consejo de Seguridad y al concierto de potencias. Mientras que en los casos de Chile y Argentina los niveles de compromiso son menores, pues Haití no ocupa un lugar de visibilidad en la agenda de estos países. En esos casos, es menos probable la articulación de iniciativas de cooperación que mantengan compromiso sostenible en el tiempo y los proyectos suelen tener corta vida.

(15) Fortalecer las capacidades institucionales de las agencias de cooperación como núcleo de coordinación. No todos los países cuentan con agencias de cooperación. En

el caso del ABC, sólo Brasil y Chile poseen sus agencias encargadas de coordinar y articular las iniciativas en Haití, mientras que Argentina lo hace a través de su cancillería.

Las agencias operan como organismos estatales que centralizan la información y monitorean el desarrollo de los proyectos. Ello, además, permite detectar fallas, reorientar los fondos a áreas más sensibles y planificar futuras acciones. Sin embargo, las agencias todavía son creaciones recientes que requieren fortalecer sus capacidades institucionales con recursos materiales y humanos para llevar a cabo de mejor manera su tarea. Fortalecer las agencias es un modo de evitar la fragmentación de la cooperación en diferentes repartimientos ministeriales de los países donantes.

(16) Desmitificar la cooperación Sur-Sur y reconocer tanto sus ventajas como sus desventajas. Como se ha dicho, la CSS no sólo indica un campo de una enorme potencialidad para contribuir a la reducción de la pobreza; también la CSS se expresa en intereses de donantes y estrategias que pueden colisionar. Así, un paso fundamental es dejar de lado la imagen idílica que generalmente plantea la CSS en los discursos y anuncios oficiales de los países en desarrollo. Al igual que la CNS, la CSS forma parte de las políticas exteriores y de los intereses estratégicos de los países. En el caso en estudio, la CSS desplegada por los países del ABC en Haití está estrechamente relacionada con los enfoques de política exterior de cada uno de estos países.

En el actual contexto de crisis mundial, con la consecuente merma en los flujos de ayuda provenientes de los países desarrollados, se acrecienta la necesidad de articular iniciativas de CSS con Haití para apoyar su reconstrucción. En ese sentido, la oferta del ABC ha ganado un mayor atractivo entre los países receptores, aunque para estar a la altura de ese reto se requerirán medidas que fortalezcan las capacidades institucionales y el despliegue de la CSS de cara al futuro.

La cooperación triangular: una modalidad emergente en las relaciones Norte-Sur

Ignacio Suárez Fernández-Coronado[46]

1. Introducción

Los paradigmas del desarrollo y de las estrategias de cooperación internacional han evolucionado, no siempre de manera certera y novedosa, antes y después de la conformación del actual orden internacional. De manera más reciente, las relaciones internacionales y las políticas de cooperación han sido reinterpretadas a la luz de las dinámicas surgidas con la globalización, en consonancia con los objetivos de desarrollo acordados a nivel internacional y con la necesidad de conseguir una ayuda de mayor eficacia e impacto.

Así las cosas, el panorama del desarrollo mundial presenta, al día de hoy, una realidad heterogénea. Ante ello, se constata la necesidad de adoptar soluciones específicas adaptadas a cada contexto particular, basadas en el conocimiento y en la experiencia adquirida.

La cooperación Sur-Sur y la cooperación triangular responden en gran medida al marco descrito. En el caso de la primera, si bien no se trata de un fenómeno novedoso, cabe constatar el resurgimiento de un debate renovado, lo que plantea numerosas oportunidades para hacer valer su

---

[46]   Responsable del Programa de Eficacia de la Ayuda. Centro de Estudios para América Latina y la Cooperación Internacional (CeALCI). Fundación Carolina.

gran potencial como modalidad para la provisión de una cooperación más eficaz. No obstante, ello también lleva implícitos ciertos riesgos, de ahí la importancia de aplicar las lecciones aprendidas a lo largo de varias décadas de existencia de las estrategias de desarrollo.

Tras la cooperación Sur-Sur subyace un debate de fondo de gran calado. Constituye una visión alternativa a las tradicionales relaciones Norte-Sur, tanto en lo que se refiere a las estrategias de desarrollo como a las dinámicas y actores en liza.

Con ello no se quiere trasladar la idea de que la cooperación Norte-Sur no tenga un papel que jugar. La clave reside en cómo hacer confluir ambas modalidades, y es ahí donde la cooperación triangular puede generar un espacio interesante, entendida como una nueva manera de articular relaciones efectivas de cooperación entre los países del norte y del sur. Sobre esta cuestión específica trataremos en profundizar a lo largo de las próximas páginas.

2. Precisiones sobre el concepto de cooperación triangular

La razón de ser de la cooperación triangular en el ámbito de la cooperación internacional para el desarrollo reside en el establecimiento de una relación de cooperación entre varios actores, de cara a la provisión de un beneficio a un destinatario final.

Pese a tratarse de modalidades distintas, una primera aproximación al concepto de cooperación triangular pone de manifiesto la estrecha vinculación existente entre ésta y la cooperación Sur-Sur. En este marco, el análisis que sigue a continuación centra su atención en la triangulación que se entabla entre un país del norte y otro del sur en favor de un tercero,[47] al entender que puede aportar elementos interesantes de cara a la configuración de un nuevo modelo de relaciones Norte-Sur, y que ello puede deparar importantes beneficios para alcanzar el objetivo último de la provisión de una cooperación más eficaz.

Al igual que en el caso de la cooperación Sur-Sur, la cooperación triangular adolece de una cierta imprecisión conceptual que hace difícil delimitar su ámbito específico de intervención. Por un lado, se incide en la naturaleza instrumental de esta modalidad, en virtud de la cual su elemento central sería la provisión de financiación por parte de un donante del norte en favor de un tercer país, combinada con la participación de un donante del sur que aporta una serie de capacidades técnicas. Por otro, se pone de manifiesto su potencial para llevar a cabo ejercicios de planificación conjunta, a partir del establecimiento de una colaboración entre iguales, como enfoque complementario que permite llevar a la práctica la relación existente entre la cooperación Sur-Sur y Norte-Sur en beneficio de un tercer país.

A su vez, se señala que la cooperación triangular no debe equipararse al apoyo financiero a la cooperación Sur-Sur, de igual manera que buena parte de los donantes tradicionales estiman que su contribución a través de esquemas de cooperación triangular no debería reducirse a la provisión de financiación.[48] Así, mientras en muchas ocasiones el proveedor del sur contribuye con "una experiencia adaptada al contexto, un

---

[47] La denominación que utilizaremos para designar a los distintos actores que intervienen en un operación de cooperación triangular será la siguiente: donante tradicional (donante del norte), país pivote o proveedor (donante del sur) y país beneficiario o receptor (destinatario final de una operación de cooperación triangular).

[48] Ministerio de Asuntos Exteriores y de Cooperación (MAEC)-Agencia Española de Cooperación Internacional para el Desarrollo (AECID) (2010), *Informe y Nota Conceptual del Taller sobre "Cooperación Triangular en el contexto de la eficacia de la ayuda. Experiencias y perspectivas de los donantes europeos"*, Madrid, MAEC-AECID, p. 6; Sanin, María Clara

conocimiento más directo de los retos del desarrollo y/o una cooperación técnica de calidad y altamente eficiente [...], los donantes tradicionales aportan una experiencia más dilatada de cooperación en términos de financiación y de recursos técnicos más sofisticados."[49] De igual manera, se espera que en este proceso los donantes emergentes vayan progresivamente contribuyendo también en el plano financiero.

Otra cuestión es la que hace referencia a las motivaciones y modalidades de iniciación, que pueden partir de un donante tradicional y un país pivote, o de éste y un país beneficiario, lo que puede tener distintas implicaciones en lo que se refiere a la apropiación de la iniciativa. Independientemente de las razones que lleven a plantear una operación de cooperación triangular, lo que sí cabría constatar es la existencia de aspectos comunes tales como la combinación de un "saber hacer, habilidades, experiencias y recursos del norte y del sur."[50]

La dificultad de establecer una definición terminológica clara es algo propio de toda modalidad incipiente. Por ello, se hace necesario trabajar de cara a su delimitación conceptual y en la concreción de esquemas para su implementación en la práctica de manera efectiva.

3. La cooperación triangular en el contexto de la nueva arquitectura de la ayuda

En los últimos años se viene abriendo paso una serie de dinámicas que van conformando lo que podríamos llamar una nueva arquitectura de la ayuda al desarrollo. Una

y Schulz, Nils-Sjard (2009), *La cooperación Sur-Sur a partir de Accra: América Latina y Caribe,* Comentarios FRIDE, Madrid, FRIDE, p. 5.

[49]   MAEC-AECID (2010), *op. cit.* p. 5.
[50]   *Ibíd.,* p. 5.

de las implicaciones de esta realidad es la focalización de la cooperación internacional en los países que presentan peores indicadores socioeconómicos, lo que tiene consecuencias para otras regiones que, por sus niveles de renta, no reciben la consideración de receptores preferentes de ayuda oficial al desarrollo. Es el caso de los llamados países de renta media.

Ante esta realidad, desde numerosos países del sur se viene abriendo paso una visión tendente a considerar que existe un agotamiento del tradicional modelo de cooperación Norte-Sur, lo que en cierta medida ha propiciado la emergencia de un consenso acerca de la cooperación Sur-Sur como herramienta clave para la construcción de capacidades en los países en desarrollo.[51] Esta modalidad presentaría, además, un mayor potencial para adaptarse a las necesidades de países que exhiben realidades similares, tendría menor coste económico, un impacto más rápido y directo sobre la población beneficiaria, o un mayor respeto hacia los principios de soberanía y no injerencia en los asuntos internos.[52]

Paralelamente, el creciente consenso en torno a una visión escéptica de la cooperación Norte-Sur se ha visto acompañado de la aparición en la escena internacional de los llamados "donantes emergentes", gran parte de los cuales se insertan en la categoría de renta media.[53] Éstos se

---

[51] Ekono Francois y Benn, Denis (2002), "South-South cooperation and capacity development", en *Development Policy Journal*, vol. 2, pp. 119-131. Citado en Lengyel, Miguel (2009), *La eficacia de la ayuda al desarrollo en contextos de fragilidad estatal: Haití y la cooperación latinoamericana*, Avances de Investigación, núm.34, Madrid, Fundación Carolina, p. 21.

[52] Lengyel, Miguel (2009), *op. cit.*, pp. 37-38.

[53] En este marco es importante señalar la necesidad de avanzar de cara a un mejor entendimiento de los criterios utilizados para medir los niveles de desarrollo. Así, la realidad de los países de renta media es altamente heterogénea y diversa, por lo que el agrupamiento de todos estos en el seno de una misma categoría debe ser interpretada con cautela. Lo

han venido implicando de manera creciente en iniciativas de cooperación para el desarrollo, al margen del Comité de Ayuda al Desarrollo (CAD) de la Organización para la Cooperación y el Desarrollo Económico (OCDE), directorio desde donde tradicionalmente se ha centralizado la actuación de los donantes, y es de esperar que su papel siga incrementándose en el futuro. Los donantes emergentes dan paso a nuevas dinámicas en la agenda de la cooperación internacional, convirtiéndose en operadores de la cooperación Sur-Sur y generando posibles espacios para la puesta en marcha de iniciativas de cooperación triangular.

La relación entre "donante tradicional" y "donante emergente" no está exenta de polémica. En un interesante análisis acerca de las potencialidades y limitaciones de la cooperación Sur-Sur, Lengyel recoge algunos de los cuestionamientos expresados por parte de ciertos autores en relación con los donantes emergentes, en virtud de los cuales éstos no respetarían los consensos internacionales en materia de eficacia de la ayuda por distintos motivos: prestan en términos inapropiados, agravando la problemática del endeudamiento; incrementan la problemática de la proliferación de donantes y la consecuente fragmentación y dispersión de esfuerzos; generan divisiones entre los países socios respecto al compromiso con la agenda internacional de la eficacia de la ayuda; intervienen de manera poco transparente; o subordinan la cooperación a los intereses de la política exterior.[54]

---

mismo sería de aplicación al caso de los donantes emergentes, categoría que engloba a un grupo heterogéneo de países.

[54] Lengyel, Miguel (2009), *op. cit.*, p. 2. Véase al respecto Manning, Richard (2006), "Will emerging donors change the face of international cooperation?", en *Development Policy Review*, vol. 24 (4), pp. 371-385; Meyer, Stefan. y Schulz, Nils-Sjard (2007), *De París a Accra: Construyendo la gobernanza global de la Ayuda*, Desarrollo "En contexto", Madrid, FRIDE; y Maxwell, Simon (2006), *What's next in international development?*

Frente a ello, los "nuevos donantes" no verían reflejadas sus percepciones en los acuerdos internacionales en materia de eficacia de la ayuda. La Declaración de París sería vista como algo lejano, donde las nuevas dinámicas de cooperación que se van abriendo paso difícilmente tienen cabida.[55] A ello se suma el hecho de que muchos de los países beneficiarios de ayuda prefieran la cooperación prestada por los nuevos donantes al estar sujeta a menos condicionalidades.

Lengyel y Malacalza apuntan a la existencia de una brecha entre la realidad de la cooperación internacional para el desarrollo, que adopta variantes y formas no tradicionales, y la doctrina formulada desde el CAD.[56] Esta desconexión entre sendas realidades plantearía obstáculos para alcanzar un consenso en torno a un esquema único y obligaría a definir un nuevo modelo de cooperación internacional para el desarrollo, donde se reconozca el papel de nuevos actores como los donantes emergentes y de modalidades como la cooperación Sur-Sur o la cooperación triangular. Ello implica superar, de una vez por todas, la concepción asistencialista de la cooperación internacional y pasar de una lógica vertical a una asociación entre iguales.

La conformación de ese nuevo orden internacional de la cooperación para el desarrollo debe partir de una visión complementaria de las relaciones Norte-Sur y Sur-Sur. Las primeras, construyendo relaciones de cooperación más eficaces que partan como premisa del liderazgo nacional

---

Perspectives form the 20% club and the 0.2% Club, Working Paper 270, London, Overseas Development Institute.

[55] En cierta medida, esta distancia fue salvada gracias a la influencia ejercida por algunos donantes emergentes, con la inclusión en la Agenda de Acción de Accra de referencias expresas a la importancia de la cooperación Sur-Sur y la cooperación triangular.

[56] Lengyel, Miguel. y Malacalza, Bernabé (2009), *Comentario en Foro AOD,* 30 de octubre de 2009. Disponible en línea: http://www.foroaod.org

y de la consecuente apropiación de las estrategias de desarrollo. Las segundas, identificando el valor añadido que la cooperación Sur-Sur puede tener a la hora de proveer capacidades para el desarrollo, evitando su instrumentalización por parte la cooperación Norte-Sur y el carácter subsidiario respecto a ésta. Y finalmente, articulando esquemas triangulares adaptados al contexto de cada realidad específica, que no se limiten a una mera canalización de recursos con procedencia del norte, sino que también hagan valer las lecciones aprendidas desde la cooperación tradicional y que sirvan de apoyo a modelos de cooperación Sur-Sur que se hayan aplicado con éxito en el pasado.

En el caso de América Latina, región incluida prácticamente en su totalidad en la categoría de renta media, se da cita gran parte de los factores expuestos. Confluyen el fuerte interés de ciertos países por impulsar modalidades como la cooperación Sur-Sur y la cooperación triangular, la emergencia de nuevos donantes, la existencia de una experiencia previa extrapolable a contextos similares, o la presencia de capacidades técnicas que pueden ser objeto de cooperación.

No obstante, en la región latinoamericana es posible encontrar, al igual que en otros países del sur, distintas aproximaciones respecto a la manera de entender la cooperación Sur-Sur y triangular, así como a la relación de éstas con la agenda internacional de desarrollo.

Una tendencia apuntaría a que la cooperación Sur-Sur debería avanzar hacia la consecución de espacios de convergencia con la cooperación Norte-Sur –donde indudablemente ganarían espacio modalidades como la cooperación triangular– y con los procesos derivados de París y Accra, buscando cada vez más asociaciones estratégicas entre iguales con los donantes tradicionales.

Por otro lado, desde otras instancias se estima que la cooperación Sur-Sur necesita su espacio propio y aún debe consolidar y consensuar los principios y objetivos que la orientan, que no deben ser necesariamente los definidos por la agenda de la eficacia de la ayuda definida a nivel internacional. Esta visión podría encontrar su razón de ser, como señala Ayllón, en la oposición de ciertos países que desarrollan operaciones de cooperación Sur-Sur a "comprometerse en el diálogo político a nivel de país para coordinar y armonizar su cooperación en la medida en que el marco de referencia y la terminología sea la proporcionada por el CAD". Así, podría existir interés por parte de los países que realizan cooperación Sur-Sur, muchos de los cuales no han firmado la Declaración de París, a remitir este tipo de debates a foros de concertación más representativos y legítimos, como el Foro de Cooperación para el Desarrollo del Consejo Económico y Social de Naciones Unidas.[57]

Un último aspecto a reiterar en el hilo de este debate es la importancia de aplicar las lecciones aprendidas a lo largo de varias décadas, de manera que no se reproduzcan los errores del pasado en la cooperación Sur-Sur y triangular.

En esta línea, Sanahuja[58] se refiere a la existencia de un discurso de "autolegitimación" en América Latina en torno a la cooperación Sur-Sur, en el que se señalan sus ventajas sobre los esquemas tradicionales de cooperación, constituyendo por tanto una alternativa frente a éstos. No obstante, considera que muchas de las críticas vertidas sobre la tradicional cooperación Norte-Sur serían aplicables al modelo Sur-Sur: su sumisión a los intereses de la política

---

[57]   Ayllón, Bruno (2009), *Cooperación Sur-Sur y gobernanza multilateral del sistema de la ayuda: implicaciones para la cooperación española*, Comentarios FRIDE, Madrid, FRIDE, pp. 4-7.

[58]   Sanahuja, José Antonio (2010), "Post-Liberal Regionalism: South-South Cooperation in Latin America and the Caribbean", en *Poverty in Focus*, núm. 20, *South-South Cooperation. The same old game or a new paradigm*, pp. 17-19, Brasilia, International Policy Centre for Inclusive Growth, p. 9.

exterior, la falta de transparencia e información, o la escasa importancia concedida a aspectos como la rendición de cuentas, la coordinación o la eficacia.

Independientemente de las posibles carencias que pudieran ser achacables a los distintos enfoques en materia de cooperación, resulta necesario que el debate en torno a la redefinición de la cooperación Sur-Sur y a la cooperación triangular responda a criterios de coherencia y eficacia.

4. Hacia la construcción de asociaciones más eficaces para el desarrollo: oportunidades y desafíos de la cooperación triangular

La Agenda de Acción de Accra, resultado del Foro de Alto Nivel sobre Eficacia de la Ayuda celebrado en el año 2008, dotó de un impulso renovado a la cooperación Sur-Sur y a la cooperación triangular, reconociendo de manera expresa la importancia y las particularidades de la primera, incluyendo la oportunidad de aprender de las experiencias de los países del sur, así como alentando a un mayor desarrollo de la segunda.[59] Sendas modalidades pasan así a incorporarse de manera expresa a la agenda internacional de la eficacia, reconociéndose su potencial para la construcción de asociaciones de desarrollo más eficaces. Pero además, cooperación Sur-Sur y triangular deben ser vistas a la luz de otra de las cuestiones priorizadas en Accra: la construcción de asociaciones para el desarrollo más inclusivas y horizontales, donde tengan cabida nuevos actores en base a un modelo de relación entre iguales.

---

[59]   III Foro de Alto Nivel sobre Eficacia de la Ayuda (2008), *Agenda de Acción de Accra*, párrafos 19b y 19e.

En los últimos tiempos, parece que sendas modalidades de cooperación van ocupando un espacio cada vez más central en la agenda de la eficacia de la ayuda. Mientras la cooperación Sur-Sur ha sido objeto de debates en foros internacionales y regionales de gran relevancia, el mayor desafío radica en cómo concretar la "operacionalización" de la cooperación triangular en tanto que complemento entre dos visiones acerca de cómo hacer frente a los desafíos en materia de desarrollo.

Desde distintas instancias de los países del norte y del sur se ha tratado de arrojar luz sobre las oportunidades y desafíos a los que debe hacer frente la cooperación triangular.

Entre las principales oportunidades, cabe referirse en primer lugar a su vocación para actuar como nexo entre las relaciones de cooperación Norte-Sur y Sur-Sur, posibilitando la construcción de asociaciones para el desarrollo más inclusivas y plurales, lo que podría servir de puente para la cimentación de un modelo de cooperación internacional más representativo y legítimo, que concilie las percepciones de donantes tradicionales y de países del sur.

En segundo lugar, al articularse a través de un país pivote que normalmente pertenece al mismo ámbito geográfico del país beneficiario, cuenta con una mayor legitimación y aceptación como punto de partida. Así, el país pivote dispondría de un *expertise* más adaptado a la realidad del país beneficiario, gracias a la existencia de lazos comunes (geográficos, culturales o lingüísticos) que permitirían una mejor comprensión de sus problemáticas de desarrollo, e incluso de una experiencia contrastada derivada de soluciones adoptadas previamente en el país pivote que podrían ser replicadas con éxito en el país beneficiario. Este tipo de intervenciones presentarían por tanto un gran potencial en términos de eficacia, y serían más acordes a los retos del desarrollo y a la realidad de un mundo cada vez más multipolar.[60]

En tercer lugar, bien llevada a la práctica, puede dar lugar a esquemas de cooperación donde todas las partes que participen obtengan beneficios, algunas de las cuales son mencionadas en el estudio encargado por el Programa de Naciones Unidas para el Desarrollo (PNUD) *Mejorar la Cooperación Sur-Sur y triangular.*[61] Los donantes tradicionales podrían ver incrementado el impacto de los fondos que destinan a cooperación a través de intervenciones más adaptadas al contexto local, en algunos casos basadas en experiencias previas, al tiempo que disminuirían ciertos costes burocráticos y administrativos asociados a las tradicionales estructuras de cooperación Norte-Sur. Los países pivote podrían ver fortalecidas sus capacidades técnicas, instituciones y políticas; adquirir conocimientos prácticos en cooperación internacional derivados de la experiencia de los donantes tradicionales; o mejorar su credibilidad y reputación en el sistema internacional. Por último, los países receptores podrían beneficiarse de la ampliación de la cooperación internacional, tanto por parte de los donantes del norte como del sur, por medio de financiación y "saber hacer"; de la presencia de un intermediario que facilitaría el intercambio de información; o de la formación o fortalecimiento de alianzas con los países pivote.

Los principios enunciados por la Declaración de París sobre Eficacia de la Ayuda del año 2005 pueden aportar elementos interesantes de cara a hacer que dichas oportunidades se hagan realidad y a convertir a la cooperación triangular en una herramienta más eficaz.

---

[60]   MAEC-AECID (2010), *op. cit.,* p. 6.
[61]   PNUD (2009), *Mejorar la cooperación Sur-Sur y triangular. Estudio de la situación actual y de las buenas prácticas adoptadas en las políticas, las instituciones y la operación de la cooperación Sur-Sur y triangular,* Nueva York, PNUD. p. 13.

Una premisa clave es la apropiación de las estrategias de desarrollo por parte del país beneficiario, y que exista un liderazgo claro por parte de éste en su implementación. Si este objetivo resulta de por sí difícil en una relación tradicional de cooperación Norte-Sur, la inclusión de un tercer actor (en este caso el donante pivote) lo dota aun de mayor complejidad.

La aplicación del principio de apropiación en un esquema de cooperación triangular requiere el alineamiento de los donantes que intervienen con la estrategia de desarrollo del receptor final, quien debe ejercer la coordinación de las iniciativas de cooperación triangular que se pongan en marcha en el país. Ello implica que el objetivo último de la cooperación triangular no se confunda con los intereses del país pivote y con las necesidades de desarrollo que éste presente, dado que "la apropiación y liderazgo del país receptor final de la ayuda podrían no recibir la suficiente atención si el acento se pone en el fortalecimiento de las capacidades del proveedor."[62]

Un riesgo que podría plantearse a este respecto es que la negociación de una iniciativa de cooperación triangular se centralice en el diálogo entre el donante del norte y el país pivote, sin consultar de manera suficiente al receptor final. Por ello, resulta clave implicar al país beneficiario en el diseño, implementación y seguimiento de las operaciones de cooperación triangular, lo que contribuirá al respeto de las prioridades y sistemas nacionales y a un fortalecimiento de capacidades a nivel local.[63] En caso contrario, podría menoscabarse el interés del país beneficiario de la

---

[62] MAEC-AECID (2010), *op. cit.*, p. 6.
[63] Yamashiro, Talita (2009), *Triangular cooperation and aid effectiveness.* Documento presentado de cara al Diálogo OCDE-CAD sobre cooperación para el desarrollo (México, 28-29 de septiembre de 2009), p. 14.

operación, lo que constituye una condición indispensable para llevar a buen puerto los objetivos fijados.

Además, debe aprovecharse el valioso espacio que la cooperación triangular puede generar para el intercambio de conocimientos y el aprendizaje mutuo, o dicho en otras palabras, entender esta modalidad como un ejercicio bidireccional en el que todos aprendan y no exista una imposición de las prácticas del donante al país beneficiario. En esta línea, el citado estudio del PNUD constata que los programas o proyectos que han logrado buenos resultados son los que adoptan un enfoque impulsado por la demanda, tanto en la fase de formulación como en la ejecución, y que para ello constituyen elementos clave el liderazgo, el compromiso y la participación de los países beneficiarios.[64]

De igual manera, los procesos de consulta no deben limitarse a las instituciones gubernamentales. Debe existir también, y así se deriva del mandato de Accra, una participación de la sociedad civil local en este proceso. Por tanto, la construcción de asociaciones más inclusivas no se limita a tomar en consideración a los distintos operadores de una iniciativa de cooperación triangular, sino al conjunto de colectivos que forman parte de la sociedad del país beneficiario.

Como complemento de lo señalado, las operaciones de cooperación triangular deben alinearse con los sistemas nacionales del país receptor, lo que implica que sea provista a través de los mismos y que tome en cuenta las capacidades existentes, cuyo fortalecimiento se presenta *a priori* como uno de los ámbitos donde la intervención de un país pivote podría producir mayores resultados.

Por último, tal vez el mayor desafío que presenta la cooperación triangular sea el importante esfuerzo de coordinación que puede llevar asociada. De manera reciente

---

[64]   PNUD (2009), *op. cit.*, p. 16.

hemos asistido a una proliferación de donantes en el sistema de cooperación internacional que ha llevado aparejadas
una notable fragmentación y una dispersión de esfuerzos,
lo que choca de frente con los principios promovidos desde
la agenda de la eficacia de la ayuda. En este contexto, la cooperación triangular incrementa la complejidad del sistema,
y su implementación plantea importantes retos al introducir un actor más respecto a los tradicionales esquemas
de cooperación Norte-Sur. En la práctica, ello supone que
la coordinación debe alcanzarse en cuanto a los distintos
procedimientos de los donantes, en la determinación de
estándares comunes para el seguimiento y evaluación de
las iniciativas, la división de papeles y responsabilidades, o
a la hora de alcanzar consensos en procesos de negociación
donde intervienen más actores. Por otro lado, se señala que
la cooperación triangular suele basarse en un enfoque de
proyectos, lo que puede resultar en una duplicación de
esfuerzos y en una falta de coherencia entre las diferentes
iniciativas llevadas a cabo.[65]

Hacer frente a esta realidad pasa por trabajar de cara
a una mayor armonización en la actuación de los distintos
donantes, definiendo ámbitos de especialización e identificando ventajas comparativas con participación activa
del país beneficiario, a partir de las cuales puedan ponerse
en marcha esquemas de división del trabajo. Ello pasa
por generar incentivos y relaciones de confianza mutua,
activando operaciones donde todos vean sus aspiraciones
e intereses reflejados.

Una última carencia desde la perspectiva de los donantes es la necesidad de mejorar el marco institucional
de los distintos operadores que participan en iniciativas
de cooperación triangular. Los países que intervienen en
este tipo de operaciones raramente disponen de marcos

---

[65] Yamashiro, Talita (2009), *op. cit.,* p. 10.

institucionales, políticas, unidades competentes desde las que se ejerza la coordinación, suficientes recursos humanos, o directrices específicas en materia de cooperación triangular.[66] A ello se suman los déficits en materia de transparencia e información, factor clave para un seguimiento y una evaluación óptima de las operaciones que se llevan a cabo. Por ello, es determinante realizar una labor de documentación a todos los niveles sobre la que puedan sustentarse futuros avances.

Llevar a buen puerto el conjunto de medidas necesarias para hacer frente a estos desafíos supondrá un importante esfuerzo, e indudablemente, podría plantear dudas a la hora de realizar un análisis coste-beneficio. No obstante, constituye un requisito imprescindible para convertir a la cooperación triangular en una modalidad eficaz donde se apliquen las lecciones aprendidas en el pasado. Son muchos los que señalan que los beneficios que puede deparar la cooperación triangular superan con creces a sus desventajas. Trabajar para que los primeros se impongan sobre los segundos es el reto, y ello, como en toda modalidad novedosa, requerirá tiempo y compromisos firmes. El proceso conducente al IV Foro de Alto Nivel sobre Eficacia de la Ayuda de Corea del Sur en 2011 podría constituir un incentivo para avanzar de cara a este objetivo.

---

[66] PNUD (2009), *op. cit.*, p. 12; Davies, Penny (2010), "South-South Cooperation: moving towards a new dynamic", en *Poverty in Focus*, núm. 20, *South-South Cooperation. The same old game or a new paradigm*, pp. 11-13, Brasilia, International Policy Centre for Inclusive Growth, p. 12.

LA COOPERACIÓN HORIZONTAL SUR-SUR EN EL MARCO DE LA CONFERENCIA IBEROAMERICANA[67]

José María Vera[68]

Introducción

Esta ponencia aborda dos campos complementarios. Por un lado, el de los *programas de cooperación que se llevan a cabo en el marco de la Conferencia Iberoamericana,* y que cuentan con el respaldo de las cumbres de jefes de Estado y de gobierno que se reúnen de manera anual en este espacio. Como se indica en la ponencia, estos programas se caracterizan, entre otras cosas, por su horizontalidad en cuanto al tipo de participación y a las contribuciones recibidas de varios países.

En segundo lugar, se recoge un resumen de los contenidos del *Informe de la Cooperación Sur-Sur en Iberoamérica,* preparado por la Secretaría General Iberoamericana (SEGIB) a partir del mandato de la Cumbre Iberoamericana y de las orientaciones e información aportadas por los veintidós responsables de

---

[67] Este trabajo fue presentado en el Seminario Internacional *La crisis financiera global: Impactos en la reforma de las Naciones Unidas y en la cooperación para el desarrollo,* organizado por la Secretaría General y el Programa de Cuba de la FLACSO, el Centro de Estudios para América Latina y la Cooperación Internacional (CeALCI) de la Fundación Carolina y el Gobierno de la República de Cuba, en febrero de 2009. Posteriormente, en julio de 2010, el documento fue ajustado y actualizado parcialmente por el autor para esta publicación.

[68] Director de Planificación. Secretaría para la Cooperación Iberoamericana. Secretaría General Iberoamericana (SEGIB).

cooperación. El Informe realiza un análisis cualitativo de la cooperación Sur-Sur y recoge una aproximación cuantitativa a través del cómputo de los proyectos de cooperación llevados a cabo entre los países latinoamericanos.

El análisis y la información recogidos en este Informe reflejan la renovada vitalidad de la cooperación horizontal Sur-Sur así como su relevancia para enfrentar los retos que tiene nuestra región.

La cooperación en el marco de la Conferencia Iberoamericana

En el llamado espacio iberoamericano, integrado por los países ibéricos y los diecinueve latinoamericanos de habla española y portuguesa, la cooperación es antigua y ha estado basada en lazos históricos renovados a través de relaciones e intereses comunes. Con anterioridad a la Primera Cumbre Iberoamericana, celebrada en Guadalajara (México) en 1991, los países de la Península Ibérica y los latinoamericanos ya colaboraban en diversos programas y proyectos conjuntos a través de redes constituidas de manera más o menos formal, tanto en el ámbito público como en el privado.

La continuidad anual de las cumbres dio cobertura e impulso político a esta incipiente cooperación, y el Convenio de Bariloche,[69] aprobado en 1995 y ratificado por todos los países iberoamericanos, estableció el marco legal y definió los principios y aspectos básicos de la llamada desde entonces "cooperación iberoamericana".

El Convenio ha quedado superado en algunos de sus aspectos, por ejemplo, no recoge la creación de la SEGIB ni de su predecesora, la SECIB (Secretaría para

---

[69]   Disponible en línea: www.segib.org/marcolegal.php?idioma=esp

la Cooperación Iberoamericana). Sin embargo, algunos de sus principios más relevantes siguen siendo válidos y vigentes, como el requisito de que haya al menos siete países que se comprometan a participar activamente para que un programa cuente con el respaldo de la cumbre, o la ubicación de los responsables de cooperación en el centro de las decisiones y el gobierno de la cooperación iberoamericana. Actualmente, los veintidós responsables son los directores y las directoras de las agencias de cooperación de aquellos países que cuentan con este tipo de entidad, o bien los directores generales de cooperación de las cancillerías.

Con el paso de los años y la creación de la SEGIB en 2005, esta cooperación ha evolucionado abriéndose a nuevos sectores, fortaleciendo sus procesos y promoviendo la calidad y el rigor de sus actuaciones. Un instrumento indispensable para avanzar en esta dirección ha sido la aprobación, en la XVI Cumbre Iberoamericana de Montevideo, de un nuevo manual operativo que aterriza y actualiza lo recogido en el Convenio de Bariloche. Este manual define con claridad el proceso para lograr la aprobación de un programa por parte de la cumbre, como los requisitos que éste debe cumplir para ser sometido a dicha aprobación.

Como hemos mencionado, una de las singularidades de la cooperación iberoamericana es el requisito de que, para ser respaldados por la cumbre, los programas deben contar con la participación de siete o más países (tres o más en el caso de las iniciativas iberoamericanas), que contribuyen a su financiación y ejecución.

La génesis de los programas se produce:
- En un país iberoamericano que ofrece replicar en otros países de la región un programa que ha tenido buenos resultados. Es el caso de Brasil con los

programas de bancos de leche humana o de inclusión de jóvenes para la práctica deportiva.

- A partir de la colaboración de varios países en un sector concreto y de la necesidad de formalizar esta colaboración y proyectarla de forma más sistemática. Como es el caso del Programa de Gestión Territorial (impulsado por México, España, Panamá y Costa Rica) o el de Fortalecimiento de la Cooperación Sur-Sur, promovido por Colombia y apoyado por España, Cuba y por dieciséis países más en el seno de la reunión de responsables de cooperación.

- O bien como parte de los acuerdos tomados en las reuniones ministeriales sectoriales que tienen lugar en el ámbito iberoamericano cada uno o dos años, y que reúnen a los ministros y ministras de áreas concretas. Este sería el caso de programas como el de Políticas de Infancia (aprobado en la ministerial del ramo y cuya secretaría técnica está en Chile) o Iberorquestas Juveniles (ministerial de cultura, impulsado por Venezuela).

Del trabajo de otros organismos iberoamericanos como la Organización de los Estados Iberoamericanos para la Educación, la Ciencia y la Cultura (OEI) (Educación: Alfabetización, Movilidad Académica), la Organización Iberoamericana de Seguridad Social (OISS) y la Organización Iberoamericana de la Juventud (OIJ) emergen también propuestas de programas que normalmente son presentadas y respaldadas en su caso, por la reunión ministerial correspondiente.

Los proponentes son los encargados de diseñar y formular el nuevo programa que, si cumple con los requisitos establecidos en el Manual Operativo de la Cooperación Iberoamericana, se presenta a los veintidós países miembros para que consideren su participación, y finalmente su aprobación, primero en responsables de cooperación, a continuación en la reunión de cancilleres y finalmente en la de jefes de Estado y de gobierno.

Son los propios países iberoamericanos los que aportan los recursos económicos, humanos y técnicos necesarios para la ejecución. Todos los países que participan deben aportar, aunque la contribución difiere en función de las capacidades de cada país. Tradicionalmente, ha sido España la fuente principal, aunque nunca única, de recursos económicos. Sin embargo, y de manera creciente, otros países como Brasil, Chile, Colombia, México o Venezuela, están asumiendo compromisos notables y el liderazgo de algunos programas iberoamericanos.

Para facilitar la gestión del programa, se crea una pequeña secretaría técnica que sólo en casos excepcionales se sitúa en la SEGIB. Lo normal es que la secretaría sea autónoma, pudiendo estar situada también en un ministerio del país impulsor del programa o en otro organismo iberoamericano. Esta secretaría técnica coordina y ejecuta algunas actividades regionales del programa. Sin embargo, el grueso de la ejecución la llevan a cabo los propios gobiernos participantes, integrando las actividades del programa en la política pública sectorial correspondiente y con el apoyo de las estructuras comunes de las que el programa dispone.

Gráfico 1
Estructura típica de un programa iberoamericano

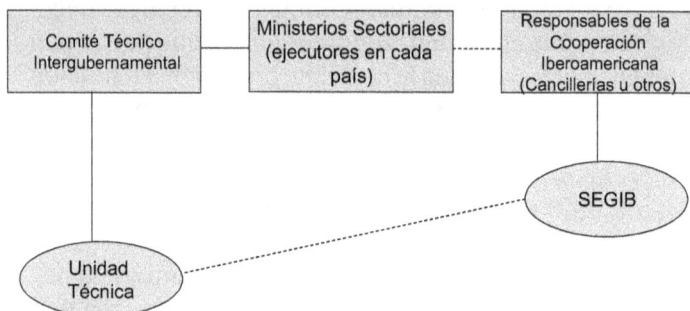

```
┌─────────────────┐   ┌─────────────────┐   ┌─────────────────┐
│ Comité Técnico  │   │Ministerios      │   │Responsables de la│
│ Intergubernamental──│Sectoriales      │---│Cooperación       │
│                 │   │(ejecutores en   │   │Iberoamericana    │
│                 │   │cada país)       │   │(Cancillerías u   │
│                 │   │                 │   │otros)            │
└─────────────────┘   └─────────────────┘   └─────────────────┘
                                                      │
                                                      │
                                              ╭──────────────╮
                                              │    SEGIB     │
                                              ╰──────────────╯
                ╭──────────╮
                │ Unidad   │----
                │ Técnica  │
                ╰──────────╯
```

El gráfico 1 muestra la estructura tipo de un programa iberoamericano. En el mismo se recoge el comité técnico o intergubernamental del programa, órgano de gobierno del mismo y en el que participan en pie de igualdad los países iberoamericanos activos en ese programa. Este comité puede disponer de estructuras operativas, tipo comisiones ejecutivas, para facilitar la toma de decisiones cotidiana.

Cuadro 1
Programas, iniciativas y proyectos adscritos a la Cumbre Iberoamericana vigentes en 2008

	Área cultural	Área social	Área económica
Programas iberoamericanos	IBERMEDIA (Cine). IBERESCENA (Artes Escénicas). RILVI (Repertorio del Libro). PICBIP (Bibliotecas Públicas). ADAI (Archivos Nacionales). RADI (Archivos Diplomáticos). IBERMUSEOS.	IBERGOP (Escuela Iberoamericana de Gobierno y Políticas Públicas). TEIB (Televisión Educativa). Formación en Políticas de Infancia. Plan Iberoamericano de Alfabetización. Bancos de Leche Humana. Becas "Pablo Neruda". Formación en Gestión de Recursos Hídricos.	IBERPYME (Pequeña y Mediana Empresa). CYTED (Ciencia y Tecnología). Gestión Territorial.
	Programa de Fortalecimiento de la Cooperación Sur-Sur		
Iniciativas	Iberorquestas Juveniles.	Apoyo Convenio Seguridad Social "Segundo Tempo." Inclusión Jóvenes a través del deporte.	CIBIT (Formación en Búsqueda de Patentes). Emprendimientos Turísticos Juveniles.
Proyectos adscritos		Unión Iberoamericana de Municipalistas (UM). Virtual Educa.	IBERQUALITAS (Premio calidad). CIDEU (Desarrollo Estratégico Urbano). TICS e Inclusión Social (AH-CIET).

El cuadro 1 muestra los programas, iniciativas y proyectos adscritos actualmente vigentes en las áreas social, cultural y económica. La categoría de proyectos adscritos a la Cumbre Iberoamericana corresponde a actuaciones llevadas a cabo por organizaciones sociales, empresas y administraciones descentralizadas. Los programas e iniciativas corresponden a actuaciones lideradas por los gobiernos aunque abiertas a la participación de otros actores.

Como puede apreciarse por la lista, los principales sectores de actuación se articulan alrededor de la cultura y el área social, con especial énfasis en la educación, lo cual responde a una larga tradición en el espacio iberoamericano en el que se han tejido estrechas relaciones en estos campos. Los programas culturales constituyen en su mayoría fondos, los cuales, a través de convocatorias abiertas, apoyan proyectos y actividades en los diversos sectores culturales (cine y audiovisual, artes escénicas, museos y orquestas juveniles).

En el terreno económico, destacan las actividades en el campo de la calidad y las pequeñas y medianas empresas (PYMES), así como en ciencia y tecnología, ámbito que se ha visto complementado durante 2009 con iniciativas en el terreno de la innovación, fruto de la XIX Cumbre Iberoamericana que tuvo lugar en Portugal a finales de 2009 y que tenía como temas centrales la innovación y el conocimiento.

El presupuesto ejecutado por la Cooperación Iberoamericana en 2009 fue de US$ 42.000.000. Cabe indicar que este dato se refiere a los presupuestos centrales, ejecutados por las unidades técnicas en forma de estrategias regionales. El volumen de actividad desarrollado en las agendas nacionales, articuladas por los programas iberoamericanos, es sensiblemente mayor.

En el futuro, esta cooperación aspira a mantener la calidad de sus actuaciones y afianzar su carácter horizontal contribuyendo a fortalecer las capacidades institucionales de los gobiernos y de las organizaciones de los países iberoamericanos.

Informe de la cooperación Sur-Sur en Iberoamérica

Como se ha indicado al inicio de esta ponencia, el informe se lleva a cabo en el seno de los responsables de cooperación que lo incluyeron como parte de la Estrategia de la Cooperación Iberoamericana aprobada en la XVII Cumbre Iberoamericana de Santiago de Chile. La Secretaría de Cooperación de la SEGIB se ocupa de recopilar la información aportada por los países, procesarla y producir el informe.[70]

En este caso comenzaré la síntesis del informe por uno de sus últimos capítulos, el que recoge algunos datos básicos sobre *la Ayuda Oficial al Desarrollo (AOD)* que se destina desde los países miembros del Comité de Ayuda al Desarrollo (CAD) de la Organización para la Cooperación y el Desarrollo Económico (OECD) a América Latina.

---

[70] Disponible en línea: http://segib.org/publicaciones/2009/12/29/informe-de-cooperacin-Sur-Sur-2009/

Gráfico 2
Comparación AOD neta destinada a países iberoamericanos y países en desarrollo.
2000-2007 (millones de dólares)

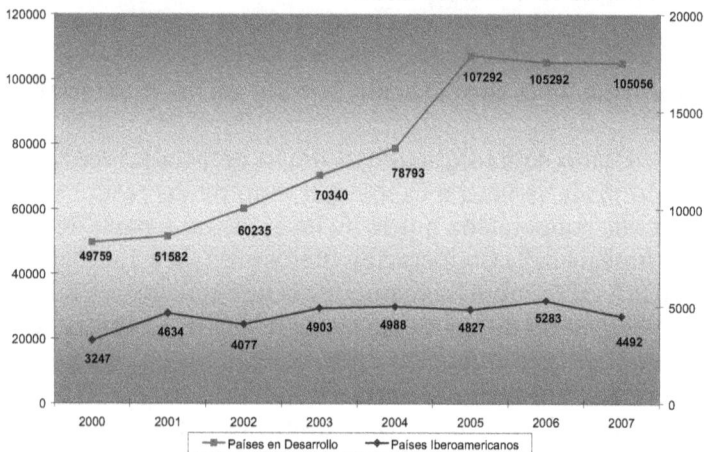

Fuente: SEGIB a partir de www.oecd.org/dac/stats/idsonline

Como puede observarse en el gráfico 2 mientras la AOD global creció de manera muy significativa, se multiplicó por dos en cuatro años, la dirigida a los países latinoamericanos se mantuvo estancada e incluso disminuyó en términos absolutos en el año 2007, último del que se tienen datos cerrados. Cabe mencionar que ya hay datos preliminares del CAD para la AOD total para 2008, reflejando éstos un nuevo crecimiento hasta casi los US$ 120.000 millones. No hay aún datos por regiones para 2008.

Esta caída de los fondos de AOD que llegan a la región, que ha pasado de suponer el 10% a menos del 5% del total, se debe a dos razones fundamentales: el fuerte incremento de la AOD a países como Irak, incluyendo cancelaciones de volúmenes muy significativos de deuda externa y la prioridad dada a los países menos adelantados respecto a los de renta media, grupo en el que se encuentran todos los latinoamericanos analizados para este informe.

Este hecho se produce en el marco de un fuerte incremento de los recursos de AOD procedentes de España hacia otros países iberoamericanos. Este país pasó de poco más de US$ 500 millones en 2004 a más de US$ 1.000 millones en 2007, compartiendo el primer lugar entre los donantes junto con Estados Unidos, que bajó su aportación en 2007. Japón y otros países miembros de la Unión Europea (UE) también redujeron sus contribuciones en forma de AOD a América Latina.

Cooperación horizontal Sur-Sur

No es acertado asociar el resurgimiento de la Cooperación Sur-Sur en América Latina con el referido estancamiento de la AOD hacia la región. Se trata en cualquier caso de una actividad que data de antiguo (el Plan de Acción de Buenos Aires para la Cooperación Técnica entre Países en Desarrollo fue acordado en 1978) y que ha recibido un renovado impulso en los últimos años.

Las causas de esta mayor vitalidad pueden encontrarse en los mayores niveles de desarrollo alcanzados por varios países, el fortalecimiento de capacidades y la acumulación de experiencias, y el empuje de procesos de integración en América Latina que incorporan espacios de cooperación en diversos ámbitos como parte de su actividad.

Modalidades de cooperación

Gráfico 3
Estudio de la cooperación de la que participa
Iberoamérica en todas sus modalidades

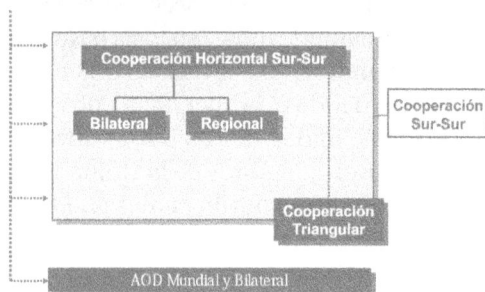

El gráfico 3 refleja las modalidades de cooperación analizadas en el informe. Cabe destacar la inclusión de la cooperación horizontal Sur-Sur regional, que se produce en el marco de sistemas de integración como el Sistema de Integración Centroamericana (SICA), la Comunidad Andina de Naciones (CAN), la Alianza Bolivariana para las Américas (ALBA), el Mercado Común del Sur (MERCOSUR) y otros, apoyados por las secretarías de dichos sistemas. También se incluye la cooperación triangular, modalidad que puede incorporar a otros actores (donantes bilaterales y multilaterales) aunque consideramos que debe obedecer a los mismos principios y objetivos de la cooperación Sur-Sur.

Esta cooperación se encuentra aún en proceso de consenso y detalle de su marco de definiciones, principios y estrategias. En el informe recogemos algunas de estas definiciones dadas por la Unidad Especial de Cooperación Sur-Sur del Programa de Naciones Unidas para el Desarrollo (PNUD). También se apuntan algunos principios de funcionamiento básico, acordados en líneas generales por los responsables de cooperación y que se resumen en:

- *La horizontalidad.* La cooperación Sur-Sur exige que los países colaboren entre sí en términos de socios. Esto significa que, más allá de las diferencias en los niveles de desarrollo relativo entre ellos, la colaboración se establece de manera voluntaria y sin que ninguna de las partes ligue su participación al establecimiento de condiciones.
- *El consenso.* La ejecución de una acción de cooperación Sur-Sur debe haber sido sometida al consenso por los responsables de cada país, y ello en marcos de negociación común, como pueden ser las comisiones mixtas o sus equivalentes.
- *La equidad y reciprocidad.* La cooperación Sur-Sur debe ejercerse de un modo tal que sus beneficios (a menudo consistentes en la potenciación mutua de capacidades críticas para el desarrollo) se distribuyan de manera equitativa entre todos los participantes. Este mismo criterio debe aplicarse a la distribución de costos, que deben asumirse de manera compartida y proporcional a las posibilidades reales de cada parte.

A estos principios pueden añadirse otros, como la voluntariedad y la solidaridad. Muchos países que realizan cooperación Sur-Sur en la región no se sienten obligados a hacerlo a partir de compromisos internacionales asumidos hace tiempo, sino de forma voluntaria y solidaria con las necesidades de sus vecinos más o menos cercanos.

La segunda edición del informe avanza respecto a la primera en un primer intento de cuantificación de la cooperación Sur-Sur, además de su caracterización cualitativa. Como primer paso hacia otros más completos (valor económico, destinatarios, impacto...), en el informe se recoge el número de acciones de cooperación realizadas por cada país de América Latina formando la matriz oferente-receptor que se recoge en el cuadro 2.

Cuadro 2

Matriz de Cooperación Horizontal Sur-Sur Bilateral, entre Países Iberoamericanos. 2007

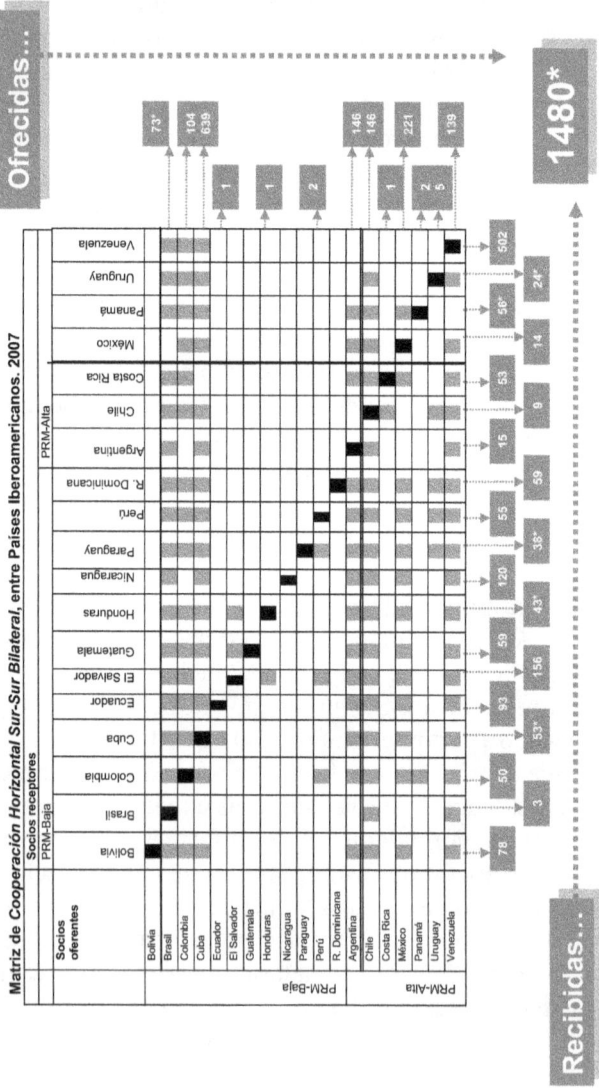

Ofrecidas… 1480*

Recibidas…

En ella se refleja qué países tienen relaciones de cooperación y el número de acciones que intercambian. Lo primero que puede apreciarse es lo tupido de la matriz. Muchos países de América Latina cooperan con muchos países de América Latina, región en la que hay un tejido de relaciones más rico del que se podría apreciar a primera vista, fijándose en las relaciones políticas al más alto nivel.

Aunque prácticamente todos los países ofrecen alguna experiencia o recursos a través de acciones de cooperación, hay siete que destacan y que se pueden apreciar en el gráfico 4.

Gráfico 4
Cooperación horizontal Sur-Sur bilateral. Distribución de acciones, según socio oferente (porcentajes)

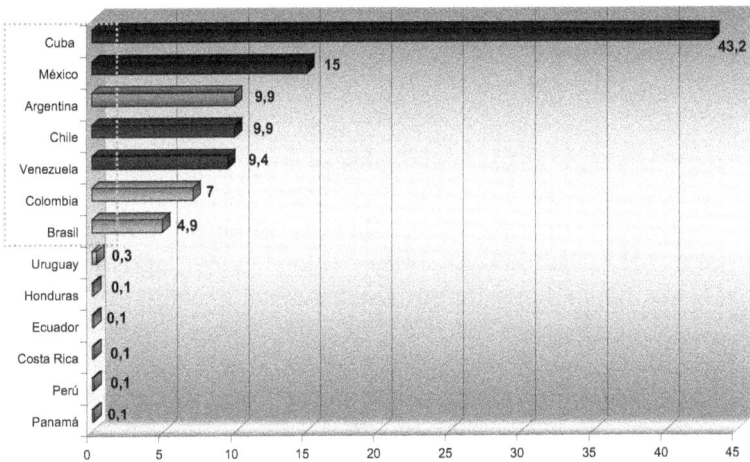

El peso notable de Cuba se explica en general por la fuerte vocación cooperante de este país, y en particular por el elevado número de acciones reportadas con Venezuela en el marco de la estrecha relación entre ambos países.

Gráfico 5
Cooperación horizontal Sur-Sur bilateral. Distribución de acciones, según socio receptor (porcentajes)

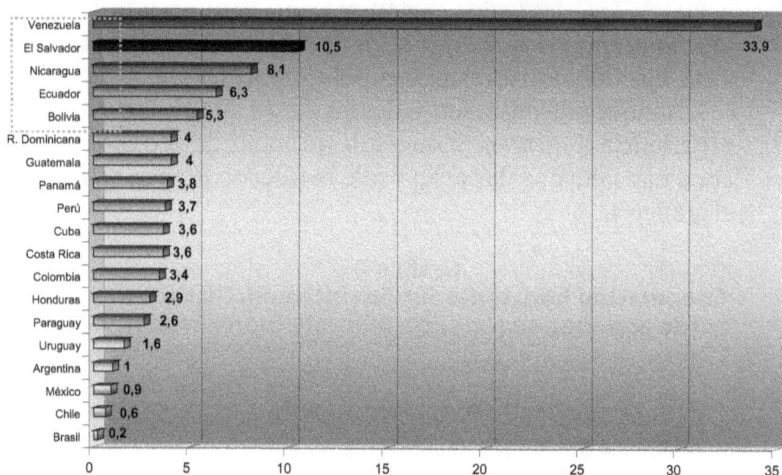

En cuanto a los principales socios receptores, éstos pueden apreciarse en el gráfico 5. De manera coherente con lo ya explicado, Venezuela aparece en primer lugar dado el número de acciones que realiza con apoyo de Cuba. El siguiente bloque de principales receptores lo constituyen países centroamericanos y andinos, reproduciendo la pauta normal de la cooperación internacional al desarrollo que prioriza las acciones y proyectos dirigidos a los países que tienen mayores retos en su desarrollo económico y social.

El peso de Venezuela como receptor, y de Cuba como oferente, pueden servir para alertar sobre algunas debilidades evidentes en la forma de computar la cooperación Sur-Sur en este informe. Cabe indicar que es un esfuerzo incipiente, único en la región y en otras regiones en desarrollo, y que se lleva a cabo de manera acompasada con la información que los países pueden dar sobre su cooperación Sur-Sur. Por ahora, éstos informan sobre el número de acciones (creemos que aún de manera incompleta salvo excepciones), considerando que no están en condiciones de dar una información ajustada sobre el valor económico de las mismas o sobre su impacto.

Así, a modo de ejemplo, ocurre que Cuba realiza un número de acciones muy notable con Venezuela. En la otra dirección, Venezuela también coopera con Cuba a través de un número menor de acciones, pero que, con toda seguridad, tienen un valor económico muy elevado ya que se dan en el campo de la energía o las infraestructuras. De manera progresiva se espera incorporar en el informe:

- Una información más completa sobre el número de acciones y de proyectos (diferenciando ambos) a medida que las agencias y direcciones de cooperación puedan conocer y computar la actividad de cooperación Sur-Sur que llevan a cabo otras dependencias gubernamentales.
- El cómputo de las aportaciones y el valor económico que supone esta cooperación. Ya hay países como Brasil o Chile que informan de los presupuestos ejecutados por sus agencias. Otros están en ello siendo ésta una información que estamos recogiendo, aún de forma opcional, para la tercera edición del informe.
- Otras formas de medir el efecto y alcance de la cooperación Sur-Sur: caracterización y número de destinatarios, contribución a los Objetivos de Desarrollo del Milenio (ODM), impacto, entre otras.

Cabe indicar que, en la XVIII Cumbre Iberoamericana de San Salvador, se aprobó el Programa Iberoamericano de Fortalecimiento de la Cooperación Sur-Sur, en el que se integrará el informe. Dicho programa cuenta, entre sus varias líneas de actividad, una referida al mejoramiento de los sistemas de información y cómputo de la cooperación recibida y ofrecida, lo que permitirá a su vez afianzar el informe con datos más completos y consistentes.

En cuanto a los principales sectores de actuación de la cooperación Sur-Sur, que reflejarían un primer perfil de necesidades y capacidades regionales, el gráfico 6 recoge las principales áreas y sectores de actuación, indicando ciertas diferencias que se producen entre las necesidades de los países de renta media baja y los de renta media alta.

Gráfico 6
Cooperación horizontal Sur-Sur bilateral. Perfil regional de capacidades y necesidades

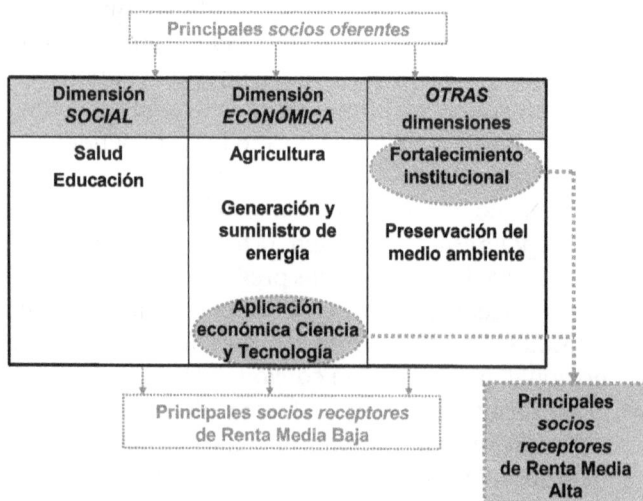

Cooperación triangular

El informe también recoge información sobre la cooperación triangular, una modalidad que se está extendiendo al tiempo que los países de la región fortalecen sus capacidades como cooperantes. Es importante destacar que, para los países cooperantes de América Latina, la cooperación triangular debe responder a los mismos principios y objetivos de la cooperación Sur-Sur, reforzando los proyectos acordados entre los países.

**Gráfico 7
Cooperación triangular. Países más
activos, según rol de participación**

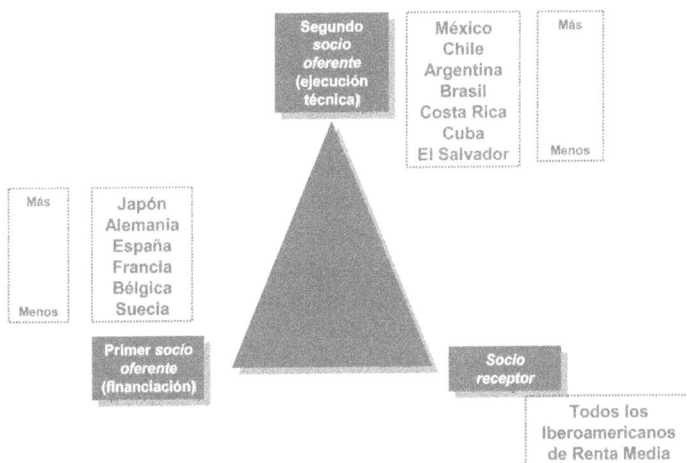

El gráfico 7 indica los principales socios oferentes de financiación y de recursos humanos y técnicos en la región. A los citados países bilaterales, entre los que destaca Japón, habría que añadir varios organismos internacionales que también apoyan proyectos en forma de triangulación.

Conclusiones y retos

Del análisis realizado en el informe, y de las reuniones y misiones técnicas preparatorias del mismo, emergen una serie de conclusiones y de retos que han sido compartidos también por los responsables de cooperación en sus reuniones dentro de la Conferencia Iberoamericana.

Entre ellas cabe destacar:

1. La relevancia creciente de la cooperación Sur-Sur en América Latina. Como respuesta a necesidades de los países de la región y también como forma de fortalecer las relaciones en ámbitos sectoriales y los procesos de integración regional, a través de la solidaridad y el apoyo mutuo.

2. La potencialidad de esta cooperación para ser eficiente y eficaz, dados los menores costos (respecto a la cooperación técnica Norte-Sur tradicional) y la mayor cercanía y replicabilidad de las experiencias compartidas.

3. El número y diversidad de las relaciones de cooperación. Basada buena parte de ellas en relaciones de vecindad cercana, en procesos de integración o en la sintonía política, pero sin excluir otros procesos de colaboración en los que ninguna de estas situaciones se producen.

4. Aunque se ha avanzado mucho, la cooperación Sur-Sur en América Latina tiene aún que perfilar más su cuerpo de principios, definiciones y objetivos, incluyendo el modo de relacionarse con la cooperación internacional al desarrollo y los procesos globales que se dan en este campo. Cabe indicar que hay posiciones diversas en la región a este respecto, países con una mayor voluntad de participar e influir en estos procesos (París, Accra...) y países que marcan una mayor

distancia, incidiendo en la singularidad y diferencia de la cooperación Sur-Sur.

5. Es importante avanzar también en sistemas de información y cómputo y en cierta homologación de procedimientos. Lo primero debería permitir una mayor solidez en la definición de perfiles de oferta-demanda, que redundaría en más eficacia a la hora de planificar.

6. Las agencias y direcciones generales de cooperación de los países latinoamericanos se han desarrollado de manera notable estos últimos años. Sin embargo, sigue siendo necesario promover la formación de su personal y afianzar su institucionalidad, incluyendo su capacidad para conocer y articular la cooperación que realizan las diversas dependencias públicas de cada país.

7. Finalmente, es necesario que la cooperación Sur-Sur se conozca más. Creemos que el informe realizado por la SEGIB y los países iberoamericanos avanza en esta dirección, y que el creciente interés en esta cooperación redunda en su mejor conocimiento. Pero aún es necesario decantar experiencias, conocer impactos y difundir más y mejor las buenas prácticas y los resultados de la cooperación Sur-Sur.

COOPERACIÓN INTERNACIONAL EN EL CONTEXTO DE LA SOCIEDAD DEL CONOCIMIENTO: RETOS Y OPORTUNIDADES PARA LOS PAÍSES DE LATINOAMÉRICA[71]

Giovanna Valenti Nigrini[72]

Desde el año 1969, la cooperación internacional se ha definido como una condición primordial para el progreso y el desarrollo social de las naciones; según se expone en la *Declaración sobre el progreso y desarrollo en lo social*, proclamada por la Asamblea General de la Organización de las Naciones Unidas (ONU). Sin embargo, ante la multiplicidad de enfoques y conceptos que han sido asignados al término "cooperación" a lo largo del tiempo, resulta más idóneo hablar de modelos de cooperación más que de la cooperación en sí misma.

Hace apenas un par de décadas, el tipo de cooperación dominante para atender los problemas de pobreza y rezago a nivel mundial se identificaba como cooperación para el desarrollo. En ella, los países con mayor renta se comprometían a ayudar económica y técnicamente a los países en vías de desarrollo, con el propósito de dotarlos de capacidades para atender sus problemas más inmediatos, principalmente en el orden social y económico. No obstante, el resultado fue el desarrollo de una cooperación de tipo asistencial: los países pobres recibían apoyo bajo un esquema impositivo, de tipo vertical y unilateral, que no

---

[71]   Agradezco la colaboración de la maestra Deborah Monroy Magaldi de FLACSO-México en la preparación y redacción de este documento.
[72]   Profesora de la Sede Académica de FLACSO México. En el momento de la presentación de este documento, la Dra. Valenti fungía como Directora de la Sede Académica de FLACSO México.

resolvía los problemas de fondo, pues en la mayoría de los casos el apoyo se traducía en una transferencia condicionada a la implementación de supuestas soluciones que no eran adecuadas a los contextos nacionales de los países en desarrollo, y por lo tanto no les aportaba las herramientas adecuadas para impulsar su desarrollo.

Hasta 1994, con la *Declaración de Marrakech,* la cooperación para el desarrollo de las naciones estuvo centrada principalmente en el ámbito financiero y de los mercados económicos. Por lo que se esperaba que el establecimiento de la Organización Mundial del Comercio (OMC) representara una nueva era de cooperación económica mundial, que respondiera al deseo generalizado de actuar en un sistema multilateral de comercio más justo y más abierto en beneficio y por el bienestar de los pueblos.[73]

Con la Declaración de Copenhague sobre desarrollo social,[74] la cooperación internacional fue definida como una forma de coparticipación entre los gobiernos de los diferentes países, para atender las necesidades, los derechos y las aspiraciones de cada uno de ellos, con ánimo de fomentar el desarrollo social en todo el mundo. Declaración a partir de la cual, la cooperación se entendió en su sentido colaborativo.

Actualmente, el paradigma de la sociedad del conocimiento constituye el principal marco desde el cual los países e instituciones de carácter económico y educativo, están desarrollando diversas formas de cooperación para el fortalecimiento de sus capacidades y el desarrollo de su competitividad a nivel mundial.

---

[73]   *Declaración de Marrakech (1994),* emitida el 15 de abril de 1994 como resultado de los trabajos de la Ronda Uruguay de Negociaciones Comerciales Multilaterales, en la reunión final del Comité de Negociaciones Comerciales a nivel ministerial.

[74]   *Cumbre Mundial sobre Desarrollo Social (1995),* celebrada del 6 al 12 de marzo de 1995 en Copenhague.

El carácter dinámico y competitivo del intercambio de conocimientos a nivel global, del que se hace depender el desarrollo de las naciones, hace que la cooperación ya no pueda continuar siendo concebida como un mecanismo de aportaciones unilaterales basadas en aspectos meramente financieros; sino que se define como un conjunto de acciones que se desarrollan de manera conjunta y colaborativa para fortalecer capacidades institucionales, acciones que se hacen operar bajo un esquema horizontal, se orientan al cumplimiento de un objetivo común, y se rigen por el principio de beneficio mutuo. Sirvan como ejemplo: cooperación Sur-Sur y cooperación bilateral.

El presente artículo tiene la finalidad de explorar el concepto de cooperación y su relación con la sociedad del conocimiento, para lo cual se desarrolla a través de los siguientes apartados: a) Sociedad del conocimiento y cooperación académica internacional; b) Cooperación en red; c) Cooperación Sur-Sur; y d) Cooperación Sur-Sur en red y su conexión con los principales rasgos de la sociedad del conocimiento. Las siguientes líneas se basan en el entendido de que el modelo de la sociedad del conocimiento constituye, hoy en día, el principal marco conceptual desde el cual se apoyan las diferentes instancias protagonistas en la toma de decisiones tanto económicas como educativas para buscar desarrollar sus ventajas comparativas a escala mundial. El concepto de red se retoma para encuadrar el análisis en una perspectiva particular de colaboración, no necesariamente nueva pero sí de estudio reciente y que busca beneficios tanto horizontales como verticales en la estructura de la red.

Sociedad del conocimiento y cooperación académica internacional

Además de las oportunidades que abre la sociedad del conocimiento para atender de forma conjunta y coordinada problemas de orden global, así como adecuarse a los principios de calidad y utilidad del conocimiento científico y tecnológico para la vida práctica, también expresa una situación de creciente interdependencia de las instituciones y países que las albergan.

La sociedad del conocimiento se caracteriza por nutrirse y avanzar al ritmo de los grupos, sectores y/o redes de cooperación más fuertes a nivel mundial, principalmente de orden científico y tecnológico. La creciente competitividad que se desarrolla en los mercados de conocimiento global genera una dinámica que sobrepasa la disponibilidad de recursos materiales, financieros y humanos de instituciones e incluso naciones para participar de forma competitiva en dichos mercados. Por lo cual, cualquiera que sea la institución que desee competir de forma exitosa en la sociedad del conocimiento necesita establecer formas de cooperación diversas con sus pares u homólogos dentro y fuera de sus límites territoriales.

Formar alianzas y establecer mecanismos de cooperación a nivel internacional se convierte en un mecanismo eficiente para facilitar procesos, fortalecer capacidades, generar beneficios mutuos y mejorar la relación costo-beneficio en el desarrollo de actividades diversas. Interdependencia que también implica riesgos de exclusión y rezago, en el primer caso, cuando las asimetrías en las capacidades y aportaciones de los asociados tienen un desigual compromiso tornándose en una relación de asistencialismo pasivo, y en el segundo, cuando no existen las capacidades ni el interés suficiente de integrarse a estas sociedades globales, manteniendo una visión localista y acumulando un rezago a nivel internacional.

Según Casalet,[75] la sociedad del conocimiento, entendida como el resultado de las "nuevas tendencias de la producción, intercambio, cultura y de toda la vida cotidiana, afectada por la difusión de diferentes paradigmas que inciden en la redefinición de los mercados y en las relaciones públicas-privadas", exige de ciertos cambios en la estructura organizativa y de valores de los países, donde la cooperación se erige como una herramienta que más allá del asistencialismo y filantropía busca establecerse como parte de una estrategia para el fortalecimiento e inserción exitosa de instituciones y naciones en la denominada sociedad del conocimiento.

De esta manera, actualmente se vuelca la mirada sobre los sectores educativo, científico y tecnológico, sectores en los que la transformación organizativa exige ser reflexiva y considerar puntos nodales que permitan a cada contexto nacional aprovechar sus recursos y posición. Así pues, en el contexto de la sociedad del conocimiento, la cooperación se establece como complementaria a la competitividad de los mercados de conocimiento, al entenderse que actualmente es necesario cooperar para competir, pues la competencia de forma aislada o individual sólo promete insuficiencia en su desempeño.

La cooperación para el desarrollo, entendida como un mecanismo de transferencias pecuniarias de tipo vertical y unidireccional, constituye una opción operativamente inadecuada y rebasada por un contexto en el que la riqueza de las naciones depende cada vez más de su capacidad para

---

[75]   Casalet, Mónica (2010), "El tránsito de México hacia la economía basada en el conocimiento", entrevista en *La construcción del conocimiento en la sociedad del conocimiento*, Ide@s CONCYTEG, núm. 56, 28 de febrero de 2010, México.

generar y aplicar conocimientos en la solución y atención de problemas de orden público, y no en dar paliativos en forma de aportaciones económicas al sector social sin adecuadas problematizaciones, con escasa información y sobre todo con poca claridad sobre los cursos de acción factibles y su adecuado seguimiento y evaluación.

En sustitución, la cooperación en red emerge como un tipo de cooperación sobre la que actualmente se basa una buena parte del sistema de relaciones que caracteriza a la sociedad del conocimiento. La operación de redes académicas globales de conocimiento, *thinks tanks* que sobrepasan las fronteras nacionales y la internacionalización de los sectores académico, de ciencia y tecnología y el social, explica buena parte de la dinámica sobre la que se basa la sociedad del conocimiento. Esta estrategia no puede entenderse fuera de un sistema de cooperación en donde las redes, formales o informales, son las estructuras que conectan y permiten el intercambio de recursos, conocimientos y capacidades entre los diferentes actores.

Cooperación en red

De acuerdo con Jesús Sebastián,[76] las redes son instrumentos que se adaptan al concepto de cooperación horizontal y de beneficios mutuos. Entre sus ventajas de organización están:

> Conferir protagonismo a los diferentes actores, permitir la implementación de actividades generadas de abajo hacia arriba, buscar la complementariedad de los asociados al permitir una asociación en la que se sumen capacidades, facilitar procesos de generación e incluso transferencia de

---

[76] Sebastián, Jesús (2003), *Cooperación e internacionalización de las universidades,* Argentina, Editorial Biblos.

conocimientos al interior de la red, requieren financiamiento menor que otras modalidades de cooperación puesto que los asociados pueden hacer aportaciones basales que se ponen en común, permiten la diversificación de fuentes externas y tienen la mejor relación coste-beneficio.[77]

Sin embargo, la organización en red tiene sus limitaciones en ciertas circunstancias; incluso en el contexto de la sociedad del conocimiento, la excesiva heterogeneidad o distancia en conocimientos, capacidades y compromisos de los asociados puede generar problemas para el desarrollo de una efectiva cooperación. Por lo cual, la tradición de recurrir a la experiencia y a los recursos de los países desarrollados por parte de países como los latinoamericanos bajo un esquema de cooperación se vuelve problemática en varios sentidos.

En la práctica, las redes de cooperación parecen estar ganado importantes espacios tanto en el ámbito económico, como en el político y el académico. Se constituyen bajo diferentes esquemas de organización y naturaleza jurídica, pueden ser formales, cuando han dado origen a un sistema de relaciones bien identificado, o bien informales cuando se establecen a nivel personal para atender cuestiones en común sin definir una organización y/o definición de funciones para su operación.

En todos los casos, el establecimiento de redes se considera como una manera de crear espacios propios de cooperación que generalmente son independientes y autónomos con relación a las políticas nacionales e institucionales. Existe una vertiente de oportunidad al abrirse a espacios para la cooperación a través de los participantes en las redes internacionales con países e instituciones con los que no existen marcos formales de cooperación. Pese a ello, el establecimiento de redes de cooperación

---

[77] *Ibíd.*, p. 108.

entre países latinoamericanos con países desarrollados europeos, norteamericanos y asiáticos ha distado de ser del todo exitoso.

Las relaciones establecidas entre países latinoamericanos en desarrollo y países desarrollados en el ámbito académico, a veces denominadas redes, en realidad poseen características que ponen en cuestión su viabilidad y efectivo funcionamiento como red de cooperación. La razón es que en muchos casos las redes formales, establecidas como parte de programas o acuerdos de cooperación, vuelven a tomar el carácter de transferencias de recursos unilaterales, donde los países en desarrollo adoptan una postura pasiva-tramitadora, o bien responden a un bajo reconocimiento de las capacidades institucionales e intelectuales de los países receptores por parte de los países desarrollados.

Esta relación, pese a sustentarse en redes, vuelve a etiquetarse como un sistema de cooperación Norte-Sur, donde las características primordiales son las asimetrías de información y eventualmente de capacidades e incluso divergencia en intereses, lo cual dificulta una efectiva relación de beneficios mutuos.

A pesar de que una de las características positivas de una red es que "puede absorber ciertos grados de asimetría, cuando ésta es excesiva, puede dar lugar a la pérdida gradual del interés de los participantes con la consiguiente separación de algunos de ellos o la dilución de la red."[78] Por lo cual, la cooperación entre países desarrollados y países en desarrollo se ha convertido en un asunto que a pesar de fundarse en redes con diferentes grados de flexibilidad, se cuestiona a la luz del establecimiento y logro de objetivos comunes.

---

[78]   *Ibíd.*, p. 110.

Uno de los ejemplos identificados en torno a la dificultad de establecer una cooperación horizontal de mutuos beneficios, son los programas de cooperación académica internacional liderados por la Unión Europea, en los que participan diversos países latinoamericanos. Dichos programas generalmente tienen el propósito de ser adaptables a cada contexto nacional, sin embargo, parten de objetivos amplios y muy generales que al no encontrar un sentido propio por parte de los países participantes pueden conducir a la dispersión y atomización de las actividades con baja eficacia.

Por otra parte, las dobles velocidades en el desarrollo de actividades, el desconocimiento de los recursos y capacidades de los países receptores, el desigual compromiso de los participantes o el incumplimiento de los compromisos son problemas recurrentes en el desarrollo de programas de cooperación entre países con diferentes capacidades y recursos. Lo cual, de igual manera, termina por erosionar el interés de los participantes y destruye la posibilidad de ofrecer un espacio para la cooperación que se construya sobre la base de la voluntariedad y el beneficio mutuo.

Cooperación Sur-Sur

El actual contexto mundial caracterizado por la creciente globalización y con ella la intensificación de las asimetrías entre países desarrollados y en desarrollo, así como la acentuada diferencia en intereses, compromisos y capacidades que prevalecen en los diferentes contextos nacionales, hacen que la cooperación Sur-Sur sea vista como una alternativa a la denominada cooperación Norte-Sur. En el caso latinoamericano, la cooperación Sur-Sur representa la cooperación regional a nivel latinoamericano.

Si bien en los años 1950 se dan las primeras acciones de cooperación entre países en vías de desarrollo, recién en la década de 1970 la ONU hace llamados para armar conferencias en relación con la cooperación técnica y económica para el desarrollo Sur-Sur. Estos movimientos son enmarcados por el nacimiento de la Conferencia de Naciones Unidas para el Comercio y el Desarrollo (UNCTAD) y el Grupo de los 77 (G-77). Asimismo, los países de renta media se dan cuenta de que los flujos de ayuda internacional son insuficientes para satisfacer sus necesidades de desarrollo.

De tal manera, son diversos los eventos que se suceden para establecer de manera más formal los mecanismos de ayuda y cooperación entre países en vías de desarrollo, de los cuales destacan: el nacimiento en 1974 de la Unidad Especial de Cooperación Sur-Sur, dependiente del Programa de Naciones Unidas para el Desarrollo (PNUD); y la adopción (1978) del Plan para Promover y Realizar la Cooperación Técnica entre Países en Desarrollo (CTPD), conocido como Plan de Acción de Buenos Aires, con el consenso de 138 países. Este plan de acción estableció los principios y objetivos sobre los cuales se asentaría la cooperación técnica entre países en desarrollo. Los puntos más importantes de este plan fueron: la cooperación basada en el respeto a la soberanía nacional, la independencia económica, la igualdad de derechos y la no injerencia en asuntos internos por los demás países; la oportunidad de los países de transferir y compartir conocimientos y experiencias en el marco de una estrategia que beneficiara a los participantes para una mayor autosuficiencia nacional y colectiva; la utilización de enfoques, métodos y tecnologías innovadoras, adaptadas a las necesidades locales, así como la utilización de cooperación técnica entre dos o más países en desarrollo.[79]

---

[79]   Secretaría General Iberoamericana (SEGIB) (2008), *II Informe de la Cooperación Sur-Sur*, Estudios SEGIB, núm. 3, p. 14.

De tal manera, la cooperación Sur-Sur debe ser entendida como horizontal o entre pares, no como regalos o dádivas, con la ventaja de que los contextos sociales y económicos pueden tener mayores similitudes.

Una de las modalidades de cooperación dentro del marco Sur-Sur ha sido la cooperación "triangular", que incluye un país u organismo patrocinador, un país realizador de proyecto y un país receptor de la ayuda. Esquema mediante el cual, los países de América Latina han complementado la Ayuda Oficial al Desarrollo (AOD) de las naciones más desarrolladas, y a través del intercambio de ayuda regional han establecido una fuente de desarrollo para el conjunto de los países de la región.

Posteriormente, en la década de 1980, y ante la crisis económica mundial, disminuye la cantidad de apoyos en el marco de la cooperación internacional. Por lo tanto, no se registran acciones de cooperación importantes por parte de los países desarrollados,[80] con excepción de la Conferencia de Alto Nivel de Naciones Unidas sobre cooperación económica entre los países en desarrollo (CEPD) en 1981, con sede en Venezuela y de la cual surge el Programa de Acción para el fomento de este tipo de cooperación.[81]

Ya en la década de 1990, los flujos de ayuda oficial al desarrollo por parte de los países desarrollados no aumentan su nivel, con lo que la cooperación Sur-Sur se convierte en la herramienta más importante de avance para el desarrollo en la región latinoamericana.

La Declaración del Milenio del año 2000 y la Conferencia de Monterrey sobre financiación al desarrollo de 2002 representaron el compromiso de los países desarrollados

---

[80]   Abarca, Ethel (2001), "El nuevo rostro de la CTPD y las nuevas tendencias internacionales", en *Revista de Ciencias Sociales*, vol. IV, núm. 94, Universidad de Costa Rica, San José, p. 169-188; citado en Secretaría General Iberoamericana SEGIB (2008), *op. cit.*

[81]   SEGIB (2008), *op. cit.*, p. 15.

para aumentar el flujo de AOD mundial, prioritariamente en los países de menor desarrollo. Ante esta situación, los países de renta media siguen enfrentando el panorama de recibir poca ayuda de países desarrollados, por lo cual se hace cada vez más necesario el establecimiento de medidas de intercambio de capacidades entre países en vías de desarrollo.[82]

A partir del año 2000 se efectúan diversos eventos con el fin de fortalecer la cooperación Sur-Sur, entre estos destaca, en 2005, la Conferencia de Alto Nivel sobre Cooperación Sur-Sur (también conocida como Segunda Cumbre del Sur), situada en Qatar. En esta cumbre surge el Plan de Doha, en el cual se señala la urgencia e importancia de impulsar definitivamente "la Cooperación Sur-Sur en todas las regiones del mundo y en todas sus modalidades."[83]

Todos estos eventos han dado como resultado el reforzamiento de la cooperación Sur-Sur tal como se presentó en el informe del Comité de alto nivel en la Asamblea de las Naciones Unidas.[84]

El objetivo es establecer un sistema de relaciones conducente a generar ventajas competitivas en los países e instituciones participantes, impulsando las fortalezas de cada uno, y asegurar la continuidad de la cooperación, tarea para la cual, recientemente se está llamando al establecimiento de redes permanentes en la región latinoamericana. Cabe mencionar aquí que este llamado involucra necesariamente el flujo de conocimiento que, como señalan Casas y Dettmer,[85] lleva implícita la idea de que la difusión de conocimientos, a través de redes formales

---

[82]   *Ibíd.*

[83]   *Ibíd.*

[84]   ONU (2007), *Informe del Comité de Alto Nivel sobre Cooperación Sur- Sur*, décimo quinto periodo de sesiones, 29 de mayo a 1º de junio de 2007.

[85]   Casas, Rosalba y Dettmer, Jorge (2008), "Sociedad del Conocimiento, capital intelectual y organizaciones innovadoras", en Valenti, Giovanna

e informales, es tan esencial para el desarrollo económico como lo es la creación de conocimientos en sí misma. En este marco, cobran importancia estratégica las estructuras y los agentes que promueven y dan soporte a la generación, transmisión y uso del conocimiento, cuya mejor expresión son las instituciones de educación superior y los centros de investigación. Los países desarrollados identificaron con claridad lo antes expuesto, y por ello, desde la segunda mitad de la década de 1980 y principalmente desde los años 1990, promovieron cambios sustantivos en el funcionamiento de los sistemas de educación superior, para crear las mejores condiciones posibles que promovieran este flujo basado en la cooperación con criterios de competitividad. En los países de renta media, principalmente en la región latinoamericana, estos avances son aún incipientes, lo que significa un débil punto de apoyo para la perspectiva de cooperación, en cualquiera de sus modalidades.

A modo de conclusión: cooperación Sur-Sur en red

Generar redes de cooperación que resulten útiles para fortalecer las capacidades de quienes participan en ellas va más allá de la simple asociación formal sin mayores vinculaciones y compromisos. Es necesario involucrar a sus integrantes bajo un esquema de coparticipación y consenso, que les asegure un sentido de pertenencia. Pero también resulta crucial visualizar y fortalecer a los agentes estratégicos de la cooperación, que en buena medida debieran ser las instituciones académicas o de alta competitividad científica y tecnológica. Desde esta perspectiva, se ha criticado a la cooperación Sur-Sur por aportar poco en cuestiones

---

et al., *Instituciones, sociedad del conocimiento y mundo del trabajo*, FLACSO-México y Plaza y Valdés editores, México, p. 52.

de aprendizajes, en lo que concierne a lenguaje, aspectos culturales y componentes científicos y tecnológicos.

A nivel latinoamericano, se considera que la cooperación Sur-Sur facilita la generación de tres condiciones de la cooperación internacional, positivas para su desarrollo en el contexto de la sociedad del conocimiento:

1. Permite establecer relaciones de confianza, al facilitar el proceso de valoración, adaptación y asimilación de la heterogeneidad política, social y cultural.

Este primer punto significa el logro de un entendimiento mutuo y reconocimiento de coincidencias y divergencias, lo cual constituye la base para la formación y operatividad de cualquier red de cooperación, posibilitando al mismo tiempo la continuidad de la cooperación.

2. Al basarse en un sistema de cofinanciamiento y objetivos compartidos, supone el establecimiento de un esquema de cooperación horizontal en el que todos los participantes se entienden como hacedores y receptores.

El consenso sobre objetivos comunes y logro de fines permite la extensión de la cooperación, la cual se explica por los beneficios que reporta a los participantes. El reconocimiento de sinergias y la valoración del incremento de la eficacia de los procesos productivos (logro de objetivos), son algunos de los beneficios que pueden señalarse.

3. La relación entre países desarrollados facilita la complementación de capacidades. En el marco de la sociedad del conocimiento, dicha complementación de capacidades constituye una imperiosa necesidad, pues "la creciente especialización junto al carácter multidisciplinar de los abordajes en el campo de la investigación, la fusión de campos científicos en nuevas tecnologías y la heterogeneidad de los procesos de innovación exigen de dicha complementariedad de capacidades."[86]

---

[86]   Sebastián, Jesús (2003), *op. cit.*

No obstante lo anterior, también se considera importante trabajar en el establecimiento de mejores incentivos para propiciar ambientes y acciones con un nivel mayor de competitividad, así como para impulsar relaciones estratégicas entre América Latina y los países desarrollados de Europa, América del Norte y Asia. Aun cuando las relaciones de colaboración establecidas entre países latinoamericanos sean propicias para desarrollar un esquema de cooperar para competir en la sociedad del conocimiento, es sabido que el problema para muchos países latinoamericanos, más allá de la complementación de capacidades, está en crear condiciones institucionales más estables para que se desarrollen dichas capacidades, para lo cual, es importante no sustraerse de la actividad desarrollada por los países más aventajados en términos de experiencias y aprendizajes.

Lo que se rescata de lo antes expuesto es que la cooperación internacional de tipo horizontal, basada en una relación de corresponsabilidades y de beneficios mutuos, es aún un tema pendiente para América Latina. Pues, como región, América Latina se ha mantenido sustraída de una cooperación en red de manera extensa, y no ha puesto el énfasis necesario en el papel estratégico de ciertas instituciones para promover y aprovechar mejor los beneficios del funcionamiento en red en el marco de la cooperación internacional.

En consecuencia, está aún pendiente la agenda que apoye la construcción de una región reconocida por sus enlaces y trabajo conjunto a nivel mundial. La cooperación en el rubro educativo, científico, tecnológico y laboral de América Latina es aún incipiente y no ha sido percibida adecuadamente como un instrumento del que a la fecha puede disponer para que, entre otras cosas, pueda facilitar la accesibilidad y coordinación en el uso de recursos disponibles a nivel regional.

Una de las oportunidades que plantea la cooperación Sur-Sur y su debida triangulación, es la de formar redes de intercambio permanentes para dar continuidad a proyectos comunes, fortalecer capacidades institucionales y sentar las bases de una región fuerte y reconocida a nivel internacional, como contraparte en el desarrollo de proyectos interregionales que en lo particular sirvan al desarrollo de sus respectivas naciones.

Bibliografía General

Abarca, Ethel (2001), "El nuevo rostro de la CTPD y las nuevas tendencias internacionales", en *Revista de Ciencias Sociales*, vol. IV, núm. 94, Universidad de Costa Rica, San José, pp. 169-188. Citado en Secretaría General Iberoamericana SEGIB (2008), *II Informe de la Cooperación Sur-Sur*, Estudios SEGIB, núm. 3.

Ayllón, Bruno (2010), *¿De qué hablamos cuando hablamos de Cooperación Sur- Sur y Triangular? Aportes desde la experiencia comparada en América Latina, Asia y África*, Presentación en el Seminario Internacional "¿De qué hablamos cuando hablamos de Cooperación Sur- Sur y Triangular? Aportes desde la experiencia comparada en América Latina, Asia y África", organizado por FLACSO Argentina y el PNUD, y realizado en Buenos Aires los días 30 y 31 de agosto de 2010.

Ayllón, Bruno (2009), *Cooperación Sur-Sur y gobernanza multilateral del sistema de la ayuda: implicaciones para la cooperación española*, Comentario FRIDE, Madrid, FRIDE.

Ayllón Pino, Bruno (2009), *La importancia de llamarse... ¿donante emergente? ¿Cooperante? ¿Nuevo donante bilateral? ¿Nuevo actor del desarrollo internacional?*, Foro Europa-América Latina, Madrid, FRIDE. Disponible en línea: http://eurolatin.fride.org. Último acceso: 1 de octubre de 2009.

Ayllón Pino, Bruno (2009), "Cooperación Sur-Sur: Innovación y transformación en la cooperación internacional", en *Nombres Propios*, Fundación Carolina. Disponible en línea: www.fundacioncarolina.es/es-ES/ nombrespropios/ Último acceso 1 de marzo de 2010.

Brazilian Ministry of External Relations (2007), *South-South Cooperation Activities carried out by Brazil*, Under-Secretariat General for Cooperation and Trade Promotion, July.

Cajuste, P. (2009), *La conferencia de donantes de Haití: ¿Una conferencia más?*, Foro Europa-América Latina, Madrid, FRIDE. Disponible en línea: http://eurolatin.fride.org

Casalet, Mónica (2010), "El tránsito de México hacia la economía basada en el conocimiento", entrevista en *La construcción del conocimiento en la sociedad del conocimiento*, Ide@s CONCYTEG, núm. 56, 28 de febrero de 2010, México.

Casas, Rosalba y Dettmer, Jorge (2008), "Sociedad del Conocimiento, capital intelectual y organizaciones innovadoras", en Valenti, Giovanna, et al., *Instituciones, sociedad del conocimiento y mundo del trabajo*, FLACSO-México y Plaza y Valdés editores, México.

CEPAL (2010), *Panorama Social de América Latina*, Santiago, Chile, diciembre de 2010.

CEPAL (2010*), Panorama de la Inserción Internacional de América Latina y el Caribe 2009-2010: Crisis originada en el Centro y recuperación impulsada por las economías emergentes*, Santiago, Chile.

Cumbre Mundial sobre Desarrollo Social (1995), celebrada del 6 al 12 de marzo de 1995 en Copenhague.

Das, De Silva, Zhou (2007), *Towards an inclusive Development paradigm South-South Development Cooperation*, Documento presentado en el Foro sobre Desarrollo Sur-Sur organizado por la Unidad Técnica de Cooperación del PNUD, 17 de octubre de 2007.

Davies, Penny (2010), "South-South Cooperation: moving towards a new dynamic", en *Poverty in Focus N° 20, South-South Cooperation. The same old game or a new paradigm*, pp. 11-13, Brasilia, International Policy Centre for Inclusive Growth.

Declaración de Marrakech (1994), Emitida el 15 de abril de 1994 como resultado de los trabajos de la Ronda Uruguay de Negociaciones Comerciales Multilaterales, en la reunión final del Comité de Negociaciones Comerciales a nivel ministerial.

Declaración de París sobre Eficacia de la Ayuda al Desarrollo (2005). Disponible en línea: http://www1.worldbank.org/harmonization/Paris/ParisDeclarationSpanish.pdf

Cumbre del Milenio (2000), *Declaración del Milenio,* Cumbre del Milenio celebrada entre el 6 y 8 de septiembre del año 2000 en Nueva York, EUA.

Declaración sobre el progreso y el desarrollo en lo social (1969), Resolución 2.542 (XXIV) del 11 de diciembre de 1969 adoptada por la Asamblea General de la Organización de las Naciones Unidas.

Degnbol-Martinusen, J. y Engberg-Pedersen, P (2003), *Aid. Understanding International Development Cooperation*, Copenhagen, Danish Association for International Cooperation.

Díaz, Efraín (2009), "Seguridad y crisis alimentaria", en *Revista Centroamericana de Economía*, II Época, año 14, núm. 72, julio de 2008-marzo de 2009, p. 53.

ECOSOC (2008a), *Trends in South-South and triangular development cooperation*, Background Study for the Development Cooperation Forum, Nueva York, 2008c. Disponible en línea: http://www.un.org/ecosoc/docs/pdfs/South-South_cooperation.pdf

ECOSOC (2008b), T*endencias y avances de la cooperación internacional para el desarrollo,* Informe del Secretario General, 23 de mayo.

"Ecuador: selva sí, petróleo no" (2010), en *BBC Mundo,* 4 de agosto de 2010. Disponible en línea: www.bbc.co.uk

Ekoko, Francois y Benn, Denis (2002), "South-South Cooperation and Capacity Development", en *Development Policy Journal,* vol. 2, pp. 119-131.

Evans, Alex (2009), *The feeding of the nine billion. Global food security for the 21st century,* London, England, Chatham House Report, pp. 7-8.

Eyben, R., Lister, S., Dickinson, B., Olivié, I. y Tejada, L. (2004), "Why and how to aid 'Middle Income Countries'", en *IDS Working Paper 231,* Brighton, Institute of Development Studies.

Fallon, Peter, Hon; Vivian, Quareshi; Zia y Ratha, Dilip (2001), "Middle-Income Countries. Development Challenges international development and Growing Global Role", en *Policy Research Working Paper 2657,* Washington DC, The World Bank.

Foro AOD, FRIDE. Disponible en línea: http://www.foroaod.org

García, Juan Carlos (2008), "El impacto de la crisis de los alimentos en América Latina y el Caribe", en *ARI* 152/2008-24/11/2008, Real Instituto Elcano, p. 1.

Hirst, Monica (2004), *Intermediate States, Multilateralism & International Security,* Paper presented at IUPERJ meeting on "Intermediate States", Rio de Janeiro, March.

Hirst, Mónica (2005), *Crisis de Estado y seguridad regional: nuevos desafíos para América del Sur.* Disponible en línea: http://www.seguridadregional-fes.org/upload/3992-001_g.pdf

Hirst, Mónica (2007), "La intervención sudamericana en Haití", en *FRIDE,* Comentario, Abril, Madrid, FRIDE.

Hirst, Mónica (2009), "Pasado y presente de la Cooperación Norte-Sur para el Desarrollo", en *Documento de Trabajo,* Mimeo, UTDT, Buenos Aires.

Hirst, Mónica y Llenderrozas, Elsa (2008), "La dimensión política de la presencia en Haití: los desafíos para el ABC+U", en *Position Paper.* Disponible en línea: www. haitiargentina.org

Hirst, Mónica y Soares Lima, María Regina (2006), "Brazil as an Intermediate State and Regional Power", en *International Affairs,* vol. 82, núm. 1, enero de 2006.

II Foro de Alto Nivel sobre Eficacia de la Ayuda (2005), *Declaración de París sobre Eficacia de la Ayuda.*

III Foro de Alto Nivel sobre Eficacia de la Ayuda (2008), *Agenda de Acción de Accra.*

Lengyel, Miguel (2010), *La Cooperación Sur- Sur: Tendencias y cuestiones conceptuales y analíticas,* Presentación en el Seminario Internacional "¿De qué hablamos cuando hablamos de Cooperación Sur-Sur y Triangular? Aportes desde la experiencia comparada en América Latina, Asia y África", organizado por FLACSO Argentina y el PNUD, y realizado en Buenos Aires los días 30 y 31 de agosto de 2010.

Lengyel, Miguel y Malacalza, Bernabé (2010), "¿De qué hablamos cuando hablamos de Cooperación Sur-Sur? Aportes para una definición conceptual desde la experiencia comparada en América Latina, Asia y África", Proyecto Discusión y aportes teórico-prácticos sobre Cooperación Sur-Sur, FLACSO y PNUD Argentina, Buenos Aires, 2010.

Lengyel, Miguel (2009), *La eficacia de la ayuda al desarrollo en contextos de fragilidad estatal: Haití y la cooperación latinoamericana,* Avance de Investigación núm. 34, Madrid, Fundación Carolina.

Lengyel, Miguel y Malacalza, Bernabé (2009), "¿Es útil el concepto de Ayuda Oficial al Desarrollo de la OCDE para interpretar los flujos actuales de Cooperación Sur-Sur?", en Foro de Ayuda Oficial al Desarrollo. Disponible en línea: http://foroaod.

org/2009/10/30/%C2%BFes-util-el-concepto-de-ayu-
da-oficial-al-desarrollo-de-la-ocde-para-interpretar-
los-flujos-actuales-de-cooperacion-Sur-Sur

Lengyel, Miguel (2009), "Argentina en Haití y la Cooperación
Sur-Sur", en *Revista DEF,* Buenos Aires, Taeda Editora,
junio de 2009.

Lengyel, Miguel y Malacalza, Bernabé (2009),
"Potencialidades y desafíos de la Cooperación Sur-
Sur: lecciones de Haití", Documento presentado en
"Seminario Internacional: La crisis financiera global:
impactos en la reforma de las Naciones Unidas y en
la cooperación para el desarrollo", La Habana, Cuba.

Lengyel, Miguel y Malacalza, Bernabé (2009), *Comentario
en Foro AOD.* Disponible en línea: http://www.fo-
roaod.org.

Lengyel, Miguel y Malacalza, Bernabé (2009), *Potencialidades
y Desafíos de la Cooperación Sur- Sur: Lecciones de Haití,*
Documento presentado en el Seminario Internacional
La crisis financiera global: Impactos en la reforma de
las Naciones Unidas y en la cooperación para el desarrollo, organizado por FLACSO, Fundación Carolina
y el Gobierno de Cuba y realizado en La Habana en
febrero de 2009.

Lengyel, Miguel (2008), Argentina's Participation in Haiti:
Trends and Prospects. Disponible en línea: www.flacso.
org.ar/uploaded_files/Publicaciones/DT1.pdf

López Accotto, Alejandro y Villalpando, Federico (2008),
"Notas sobre la cooperación al desarrollo en Haití",
en *Position Paper.* Disponible en línea: www.haitiar-
gentina.org

López, Ernesto (2008), *Estado, Democracia y Política en
Haití: Realidades y Perspectivas,* Mimeo.

Maag, Isabelle (2005), "Brazil's Foreign Economic Policy:
South – South, North – South or both?", en *FES Briefing
Paper,* March 2005, Geneva, Friedrich Ebert Stiftung.

Malacalza, Bernabé (2010), *Determinantes de la CSS Latinoamericana: quiénes, a quiénes y por qué cooperan*, Presentación en el Seminario Internacional "¿De qué hablamos cuando hablamos de Cooperación Sur-Sur y Triangular? Aportes desde la experiencia comparada en América Latina, Asia y África", organizado por FLACSO Argentina y el PNUD, y realizado en Buenos Aires los días 30 y 31 de agosto de 2010.

Manning, Richard (2006), "Will 'Emerging Donors' Change the Face of International Cooperation?", en *Development Policy Review*, 24 (4), pp. 371-385.

Maxwell, Simon (2006), *What's next in international development? Perspectives form the 20% club and the 0.2% Club*, Working Paper 270, London, Overseas Development Institute.

Meyer, Stefan y Schulz, Nils-Sjard (2008), "De París a Accra: Construyendo la gobernanza global de la ayuda", en *Desarrollo "En contexto"*, Madrid, FRIDE.

Ministerio de Asuntos Exteriores y de Cooperación (MAEC)-Agencia Española de Cooperación Internacional para el Desarrollo (AECID) (2010), *Informe y Nota Conceptual del Taller sobre "Cooperación Triangular en el contexto de la eficacia de la ayuda. Experiencias y perspectivas de los donantes europeos,* Madrid, MAEC-AECID.

ONU (2007), *Informe del Comité de Alto Nivel sobre Cooperación Sur-Sur*, décimo quinto periodo de sesiones, 29 de mayo a 1º de junio de 2007.

Pereira da Fonseca, Luiz Henrique (2008), "La visión de Brasil sobre la cooperación internacional", en *Revista Española de Desarrollo y Cooperación*, núm. 22, primavera / verano de 2008, p. 76.

PNUD (2009), *Mejorar la cooperación Sur-Sur y triangular. Estudio de la situación actual y de las buenas prácticas adoptadas en las políticas, las instituciones y la operación de la cooperación Sur-Sur y triangular,* Nueva York, PNUD.

PNUD (2009), *Abrir espacios para la seguridad ciudadana y el desarrollo humano,* Informe sobre Desarrollo Humano para América Central, 2009-2010, PNUD, octubre de 2009.

Rojas Aravena, Francisco y Álvarez Marín, Andrea (2010), "Seguridad Humana: Un Estado del Arte", en *Revista Temas, Cultura, Ideología y Sociedad,* La Habana, Cuba, octubre-diciembre de 2010, en prensa.

Rojas Aravena, Francisco (2009), *Crisis Financiera. Construyendo una respuesta política latinoamericana. V Informe del Secretario General de FLACSO,* San José, Costa Rica. Disponible en línea: www.flacso.org

Rojas Aravena, Francisco (2007), "Globalización y violencia en América Latina. Debilidad estatal, inequidad y crimen organizado inhiben el desarrollo humano", en *Revista Pensamiento Iberoamericano,* AECID-Fundación Carolina. Disponible en línea: www.pensamientoiberoamericano.org

Rowlands, Dane (2008), *Emerging Donors in International Development Assistance: A Synthesis Report,* IDRC, Toronto.

Sanahuja, José Antonio (2010), "Post-Liberal Regionalism: South-South Cooperation in Latin America and the Caribbean", en *Poverty in Focus N° 20, South-South Cooperation. The same old game or a new paradigm,* Brasilia, International Policy Centre for Inclusive Growth, pp. 17-19.

Sanin, María Clara y Schulz, Nils-Sjard (2009), *La cooperación Sur-Sur a partir de Accra: América Latina y Caribe,* Comentario FRIDE, Madrid, FRIDE.

Schläger, C. (2007), "New Powers for Global Change? Challenges for International Development Cooperation:

The Case of Brazil", en *FES Briefing Paper 3*, Berlin, March.

Schulz, Nils-Sjard (2010), La *UE: hacia la eficacia en la cooperación triangular,* Comentario en Foro AOD. Disponible en línea: http://www.foroaod.org.

Schulz, Nils-Sjard (2008), "Más avisos para Accra: La evaluación de la Declaración de París". Disponible en línea: http://foroaod.org/2008/08/mas-avisos-para-accra-la-evaluacion-de-la-declaracion-de-paris/ Último acceso: 1º de marzo de 2009.

Schulz, Nils-Sjard (2009), *Poniendo en práctica París y Accra: Hacia una agenda regional en América Latina y el Caribe*, FRIDE, Desarrollo "En contexto", enero de 2009.

Sebastián, Jesús (2003), *Cooperación e Internacionalización de las Universidades,* Argentina, Editorial Biblos.

Secretaría General Iberoamericana (SEGIB) (2008), *II Informe de la Cooperación Sur-Sur*, Estudios SEGIB, núm. 3.

Secretaría General Iberoamericana (SEGIB) (2007), *Informe Cooperación Sur-Sur I*, Madrid, SEGIB.

Secretaría General Iberoamericana (SEGIB) (2009), *Informe Cooperación Sur-Sur III*, Madrid, SEGIB.

Soares de Lima, María Regina (2007), "Brasil como país intermedio: imprecisión conceptual y dilemas políticos", en *India, Brasil y Sudáfrica. El Impacto de las Nuevas Potencias Regionales,* Buenos Aires, Libros del Zorzal.

Solís Rivera, Luis Guillermo y Rojas Aravena, Francisco (editores) (2008), *Crimen Organizado en América Latina y el Caribe*, Santiago, Chile, Catalonia.

Suárez Fernández-Coronado, Ignacio (2006), "Los mecanismos innovadores de financiación para el desarrollo y la Cumbre del Milenio +5", en *Revista española de desarrollo y cooperación,* núm. 17, pp. 41-56.

Thompson, Andrew (2010), *Triangular Cooperation from the South-South Perspective*, Presentación en el Seminario Internacional "¿De qué hablamos cuando hablamos de Cooperación Sur- Sur y Triangular? Aportes desde la experiencia comparada en América Latina, Asia y África", organizado por FLACSO Argentina y el PNUD, y realizado en Buenos Aires los días 30 y 31 de agosto de 2010.

Torchiaro, Luciana (2007), "MINUSTAH: una decisión estratégica con implicancias regionales", en *Proyecto MEI-FORD*, Buenos Aires, UTDT.

Valenti, Giovanna (2009), *La brújula de la Cooperación Sur- Sur. Una Visión desde la Educación Superior*, Documento presentado en el Seminario Internacional "La crisis financiera global: Impactos en la reforma de las Naciones Unidas y en la cooperación para el desarrollo", organizado por FLACSO, Fundación Carolina y el Gobierno de Cuba y realizado en La Habana en febrero de 2009.

Valler Filho, Wladimir (2008). "Brasil-Haití: una cooperación para el desarrollo y la reconstrucción", en *Revista Española de Desarrollo y Cooperación*, núm. 22, primavera / verano de 2008, Madrid, Instituto Universitario de Desarrollo y Cooperación.

Valler Filho, Wladimir (2007), *O Brasil e a Crise Haitiana: A Cooperação técnica como instrumento de solidariedade e de ação diplomática*, Mimeo.

Yamashiro, Talita (2009), *Triangular cooperation and aid effectiveness*, Documento presentado de cara al Diálogo OCDE-CAD sobre cooperación para el desarrollo, México, 28 y 29 septiembre 2009.

1. Declaración de París sobre la eficacia de la ayuda al desarrollo

Apropiación, Armonización, Alineación &
Resultados y Mutua Responsabilidad

I. EXPOSICIÓN DE LOS OBJETIVOS

1. Nosotros, Ministros de países desarrollados y en desarrollo, responsables de fomentar el desarrollo, y nosotros, Directivos de instituciones de desarrollo multilaterales y bilaterales, reunidos en París el 2 de marzo de 2005, estamos resueltos a emprender acciones de largo alcance y supervisables con vistas a reformar las formas en las que suministramos y gestionamos la ayuda, mirando hacia el futuro la revisión quinquenal de la ONU de la Declaración del Milenio y los Objetivos de Desarrollo del Milenio (ODM) más adelante en el año. Como en Monterrey, reconocemos que si es necesario aumentar el volumen de la ayuda y de los otros recursos del desarrollo para lograr estos objetivos, también es preciso aumentar al mismo tiempo de manera significativa la eficacia de la ayuda al Desarrollo, así como respaldar el esfuerzo que realizan los países socios reforzando sus gobiernos y mejorando el desempeño del desarrollo. Esto será tanto más importante si las existentes y nuevas iniciativas bilaterales y multilaterales conducen a ampliar todavía más la ayuda.

2. En este segundo Foro de Alto Nivel sobre la Eficacia de la Ayuda al Desarrollo, proseguimos la Declaración adoptada durante el Foro de Alto Nivel sobre Armonización en Roma (febrero de 2003) y los principios fundamentales avanzados durante la Mesa Redonda de Marrakech sobre la Gestión orientada a los resultados del desarrollo (febrero de 2004), porque creemos que incrementarán el impacto de la ayuda para reducir la pobreza y la desigualdad, acelerando el crecimiento y agilizando el cumplimiento de los ODM.

Aumentar la eficacia de la ayuda al desarrollo

3. Reafirmamos los compromisos realizados en Roma de armonizar y alinear el suministro de la ayuda al desarrollo. Nos anima el que muchos donantes y países socios están haciendo de la eficacia de la ayuda al desarrollo una prioridad de primer orden, y reafirmamos nuestro compromiso de acelerar el progreso en su aplicación, especialmente en las áreas siguientes:

I. Reforzar las estrategias de desarrollo nacional de los países socios y sus marcos operativos (por ejemplo, planificación, presupuesto y marcos de evaluación del desempeño).

II. Aumentar la alineación de la ayuda al desarrollo con las prioridades, sistemas y procedimientos de los países socios, ayudando a incrementar sus capacidades.

III. Intensificar la mutua responsabilidad de donantes y países socios hacia sus ciudadanos y parlamentos, en cuanto a sus políticas, estrategias y desempeño en materia de desarrollo.

IV. Eliminar la duplicación de esfuerzos y racionalizar las actividades de donantes, para alcanzar el máximo rendimiento posible.

V. Reformar y simplificar políticas y procedimientos de los donantes para favorecer un comportamiento de colaboración y la alineación progresiva con las prioridades, sistemas y procedimientos de los países socios.

VI. Definir medidas y estándares de desempeño y responsabilidad para los sistemas de los países socios en gestión de finanzas públicas, aprovisionamiento, salvaguardias fiduciarias y evaluación medioambiental, aplicándolos de manera rápida y extensa, de acuerdo con las buenas prácticas ampliamente aceptadas.

4. Nos comprometemos a emprender las acciones concretas y efectivas para tratar los planteamientos remanentes, entre los que figuran:

I. Debilidades en las capacidades institucionales de los países para desarrollar e implementar estrategias de desarrollo nacional dirigidas a los resultados.

II. Falta de compromisos que sean más previsibles y multianuales sobre los flujos de ayuda suministrados a los países socios.

III. Delegación de autoridad insuficiente a los actores de campo de los donantes y falta de incentivos para colaboraciones de desarrollo eficaz entre donantes y países socios.

IV. Integración insuficiente de programas e iniciativas globales en la agenda ampliada de desarrollo de los países socios, incluso en áreas críticas como VIH / Sida.

V. Corrupción y falta de transparencia que socavan el apoyo público, imposibilitan la movilización y asignación eficaz de recursos, y desvían los recursos destinados a actividades vitales para erradicar la pobreza y para un desarrollo económico sostenible. Donde existe, la corrupción impide que los donantes confíen en los sistemas de los países socios.

5. Reconocemos que es realizable y necesario aumentar la eficacia de la ayuda al desarrollo, pasando por todas las formas de la ayuda. En el momento de determinar las formas más eficaces para suministrar la ayuda, nos guiaremos por las estrategias y prioridades de desarrollo establecidas por

los países socios. Individual y colectivamente, elegiremos y diseñaremos las formas adecuadas y complementarias tendentes a potenciar lo más posible su eficacia combinada.
6. De acuerdo con la Declaración, intensificaremos nuestros esfuerzos para proporcionar y utilizar la ayuda al desarrollo, incluso los flujos crecientes prometidos en Monterrey, con vistas a racionalizar la fragmentación de las actividades de donantes a escala nacional y sectorial, que en demasiados casos es excesivo.

Adaptar y aplicar a las distintas situaciones de los países

7. También es necesario aumentar la eficacia de la ayuda para situaciones desafiantes y complejas, como el maremoto que arrasó a los países costeros del Océano Índico el 26 de diciembre de 2004. En tales situaciones, es crucial armonizar la asistencia humanitaria y la ayuda al desarrollo en el marco de las agendas de crecimiento y reducción de la pobreza de los países socios. En los estados frágiles, al tiempo que apoyamos la construcción del estado y el suministro de servicios básicos, nos aseguraremos que los principios de armonización, alineación y gestión orientada a los resultados están adaptados a entornos de gobiernos y capacidades débiles. De manera general, estamos decididos a prestar especial atención a estas situaciones complejas en nuestra labor para aumentar la eficacia de la ayuda.

Especificar indicadores, calendarios y metas

8. Reconocemos que las reformas sugeridas por esta Declaración requerirán un apoyo político continuado de alto nivel, peso paritario y acciones coordinadas a escalas globales, regionales y nacionales. Nos comprometemos a acelerar el ritmo del cambio poniendo en práctica los Objetivos de Cooperación presentados en la Sección II, en un espíritu de mutua responsabilidad, y a medir el progreso de acuerdo con 12 indicadores específicos en los

que hemos adoptado hoy y que figuran en la Sección III de esta Declaración.

9. Para estimular aún más el progreso, fijaremos estas metas hasta el año 2010. Estas metas que involucrarán tanto a los países socios como donantes, están diseñados para seguir y favorecer los avances a nivel global entre los países y las agencias que se han consensuado en esta Declaración. No apuntan a perjudicar o sustituir a ninguna de las metas que puedan desear establecer individualmente los países socios. Hemos decidido hoy fijar cinco metas preliminares según indicadores que figuran en la Sección III. Estamos de acuerdo para valorar estas cinco metas y para adoptar metas que correspondan a los últimos indicadores como se indica en la Sección III, antes de la Cumbre de la AGNU en Septiembre de 2005, pidiendo a la cooperación de donantes y socios acogidos en el CAD que se preparen a ello urgentemente. Mientras tanto, son bienvenidas las iniciativas de países socios y donantes para establecer sus propias metas para mejorar la eficacia de la ayuda dentro del marco de los compromisos de cooperación e indicadores adoptados. Por ejemplo, ciertos países socios ya han presentado planes de acción, y un amplio número de donantes ya ha anunciado nuevos importantes compromisos. Invitamos a todos los participantes que deseen proporcionar información sobre tales iniciativas que las sometan hasta el 4 de abril de 2005 para su correspondiente publicación.

Supervisar y evaluar la implementación

10. Dado que es difícil demostrar los progresos reales a escala de los países, bajo el liderazgo de los países socios evaluaremos periódicamente nuestros progresos mutuos a escala nacional, tanto cualitativos como cuantitativos, en la puesta en práctica de los compromisos adoptados en concepto de eficacia de la ayuda al desarrollo. Al efecto,

utilizaremos los mecanismos pertinentes a escala de los países.

11. A escala internacional, hacemos un llamamiento a la cooperación entre donantes y países socios que pertenecen al CAD para una participación ampliada para finales de 2005, con vistas a proponer acuerdos de supervisión a medio plazo de los compromisos de esta Declaración. Entretanto, solicitamos de la asociación para coordinar la supervisión internacional de los Indicadores de Progreso incluidos en la Sección III; proporcionar las directrices apropiadas para establecer líneas base; y permitir que se reúna la información coherente a través de un abanico de países, que se resumirá en un informe periódico. También utilizaremos mecanismos de revisión paritaria y evaluaciones regionales con el objetivo de respaldar el progreso de acuerdo con esta agenda. Además, examinaremos los procesos de supervisión y evaluación independientes a través de los países –que deberían aplicarse sin representar una carga adicional para los países socios– con vistas a lograr un entendimiento más completo de cómo un aumento de la eficacia de la ayuda al desarrollo contribuye al cumplimiento de los objetivos.

12. En coherencia con el enfoque de implementación, planeamos reunirnos de nuevo en 2008 en un país en desarrollo y realizar dos ciclos de supervisión antes de proceder a controlar el progreso efectuado en la aplicación de esta Declaración.

II. COMPROMISOS DE COOPERACIÓN

13. Desarrollos en un espíritu de mutua responsabilidad, estos Compromisos de Cooperación se basan en la enseñanza de las experiencias. Reconocemos que los compromisos tienen que ser interpretados a la luz de la situación específica de cada país socio.

APROPIACIÓN

Los países socios ejercen una autoridad efectiva sobre sus políticas de desarrollo y estrategias y coordinan acciones de desarrollo

14. Los **países socios** se comprometen a:

- Ejercer su liderazgo desarrollando e implementando sus propias estrategias de desarrollo nacional por medio de amplios procesos consultivos.[87]

- Traducir estas estrategias de desarrollo nacional en programas operativos, priorizados y orientados a los resultados tal como están expuestos en los marcos de gastos a medio plazo y los presupuestos anuales (**Indicador 1**).

- Dirigir la coordinación de la ayuda en todos los ámbitos, así como los otros recursos del desarrollo, en diálogo con los donantes y fomentando la participación de la sociedad civil y del sector privado.

15. **Los donantes** se comprometen a:

- Respetar el liderazgo de los países socios y ayudarlos a reforzar su capacidad a ejercerlo.

ALINEACIÓN

Los donantes basan todo su apoyo en las estrategias, instituciones y procedimientos nacionales de desarrollo de los países socios

Los donantes se alinean con las estrategias de los socios

16. **Los donantes** se comprometen a:

- Basar su apoyo global - estrategias nacionales, diálogos de política y programas de cooperación para el desarrollo - en las estrategias de desarrollo nacional de los socios y revisiones periódicas del progreso constatado

---

[87] El término "estrategias de desarrollo nacional" incluye reducción de la pobreza o estrategias globales similares así como estrategias sectoriales y temáticas.

en la puesta en práctica de estas estrategias (**Indicador 3**).[88]

- Diseñar las condiciones, cuando sea posible, para la estrategia de desarrollo nacional de un país socio o para su revisión anual de progreso constatado en la puesta en práctica de esta estrategia. Se incluirían otras condiciones únicamente si existe una sólida justificación para ello y se deberían efectuar de manera transparente y consultando estrechamente con otros donantes e interesados.

- Vincular el financiamiento con un marco único de condiciones y/o una serie de indicadores derivados de la estrategia nacional de desarrollo. Esto no significa que todos los donantes tengan condiciones idénticas, sino que cada condición de los donantes debería proceder de un marco coordinado común destinado a alcanzar resultados duraderos.

Los donantes utilizan los sistemas reforzados de los países

17. El hecho de utilizar las propias instituciones y los sistemas nacionales, donde haya bastante garantía de que se utilizará la ayuda en los objetivos aprobados, aumenta la eficacia de la ayuda reforzando la capacidad sostenible del país socio para desarrollar, aplicar y responder de sus políticas ante sus ciudadanos y su parlamento. Los sistemas y procedimientos nacionales incluyen por lo general pero no únicamente disposiciones y procedimientos nacionales para gestión de finanzas pública, contabilidad, auditorías, aprovisionamiento, marcos de resultados y supervisión.

18 Los análisis de diagnósticos son una fuente importante y creciente de información para gobiernos y donantes sobre el estado de los sistemas nacionales en los países socios.

---

[88]   Esto incluye por ejemplo la Revisión Anual del Progreso (*Annual Progress Review-APR*) de las Estrategias de Reducción de la Pobreza.

Países socios y donantes tienen un interés compartido en ser capaces de supervisar en el tiempo el progreso del mejoramiento de los sistemas nacionales. Están asistidos por marcos de evaluación del desempeño, y un abanico combinado de medidas para reformar, que avanzan a partir de la información propuesta por los análisis de diagnóstico y el trabajo analítico relacionado.

19. **Los países socios** y **donantes** se comprometen conjuntamente a:

- Trabajar conjuntamente para establecer marcos comúnmente convenidos que aporten evaluaciones fiables del desempeño, transparencia y responsabilidad de los sistemas nacionales (**Indicador 2**)
- Integrar análisis de diagnóstico y marcos de evaluación del desempeño dentro de las estrategias lideradas por los países para el desarrollo de capacidad

20. Los **países socios** se comprometen a:

- Ejecutar análisis de diagnóstico que aporten evaluaciones fiables de los sistemas y procedimientos del país.
- Sobre la base de cada uno de los análisis de diagnóstico, emprender las reformas necesarias para asegurar que los sistemas, instituciones y procedimientos nacionales para gestión de la ayuda y otros recursos de desarrollo son efectivos, responsables y transparentes.
- Emprender reformas como la reforma de la gestión pública, que podrían ser necesarias para lanzar y alimentar procesos de desarrollo de la capacidad sostenibles.

21. Los **donantes** se comprometen a:

- Utilizar los sistemas y procedimientos nacionales de la manera más extensa posible. Cuando no sea viable el uso de sistemas nacionales, establecer salvaguardias y medidas adicionales con vistas a reforzar en vez de socavar los sistemas y procedimientos de los países (**Indicador 5**).

- Evitar, de la manera más amplia posible, la creación de estructuras que se encarguen de la administración cotidiana y de la puesta en práctica de los proyectos y programas financiados por la ayuda (**Indicador 6**).
- Adoptar marcos de evaluación del desempeño armonizados para los sistemas nacionales, con el objetivo de evitar que se presenten países socios con un número excesivo de objetivos potencialmente conflictivos.

Los países socios refuerzan su capacidad de desarrollo con el apoyo de donantes

22. La capacidad para planificar, administrar, implementar y justificar los resultados de las políticas y programas son puntos críticos para alcanzar los objetivos de desarrollo partiendo de análisis y diálogo y pasando por implementación, supervisión y evaluación. El desarrollo de capacidad es la responsabilidad de los países socios, desempeñando los donantes un papel de respaldo. Necesita no únicamente basarse en análisis técnicos sólidos, sino también abarcar el entorno social, político y económico más amplio, incluyendo la necesidad de reforzar los recursos humanos.

23. Los **países socios** se comprometen a:

- Integrar objetivos específicos de desarrollo de las capacidades en las estrategias de desarrollo nacionales y proseguir su puesta en práctica a través de estrategias de desarrollo de la capacidad dirigidas por los países, donde sea necesario.

24. Los **donantes** se comprometen a:

- Alinear su apoyo financiero y analítico con los objetivos y estrategias de desarrollo de la capacidad de lo socios, utilizar de manera eficaz la capacidades existentes, y armonizar el apoyo al desarrollo de capacidad de manera pertinente (**Indicador 4**).

Reforzar la capacidad de gestión de finanzas públicas

25. Los **países socios** se comprometen a:
- Intensificar los esfuerzos para movilizar los recursos nacionales reforzando la viabilidad fiscal y creando un entorno que permita inversiones públicas y privadas.
- Proporcionar informes transparentes y fiables en tiempo oportuno sobre la ejecución del presupuesto.
- Dirigir el proceso de reformas de la gestión de finanzas públicas

26. Los **donantes** se comprometen a:
- Proporcionar compromisos indicativos fiables relativos a la ayuda dentro de un marco multianual y desembolsar ayuda de manera predecible y en tiempo oportuno de acuerdo con los programas adoptados (**Indicador 7).**
- Confiar de la manera más amplia posible en los mecanismos transparentes de contabilidad y presupuesto del Gobierno socio **(Indicador 5**).

27. **Los países socios** y los **donantes** se comprometen conjuntamente a:
- Implementar análisis de diagnósticos y marcos de evaluación del desempeño en la gestión de finanzas públicas que sean armonizados.

Reforzar los sistemas nacionales de aprovisionamiento

28. **Los países socios** y **donantes** se comprometen conjuntamente a:
- Utilizar normas y procesos mutuamente acordados[89] para realizar diagnósticos, diseñar reformas sostenibles y supervisar implementaciones.

---

[89] Como han desarrollado conjuntamente el CAD-OCDE-Banco Mundial en la Mesa Redonda sobre refuerzo de las capacidades de aprovisionamiento en los países en desarrollo

- Empeñar bastantes recursos para respaldar y sostener reformas de aprovisionamiento y desarrollo de la capacidad a medio y largo plazo.
- Compartir reacciones a escala nacional respecto a los enfoques recomendados para poder mejorarlos con el tiempo.

29. Los **países socios** se comprometen a tomar la dirección de los procesos de reforma del aprovisionamiento y a ponerlos en práctica.

30. Los **donantes** se comprometen a:

- Utilizar progresivamente los sistemas nacionales para aprovisionamiento cuando el país haya implementado modelos y procesos mutuamente adoptados (**Indicador 5**).
- Adoptar enfoques armonizados cuando los sistemas nacionales no cumplan con los niveles de desempeño mutuamente adoptados o cuando los donantes no los utilicen.

Ayuda desligada: obtener más valor para el dinero

31. Desligar la ayuda aumenta generalmente la eficacia de la misma reduciendo los costes de transacción para los países socios y mejorando la apropiación y la alineación de los países. Los **donantes del CAD** mantendrán sus esfuerzos para llevar a cabo progresos en concepto de ayuda desligada, como se fomentan en las Recomendaciones CAD 2001 sobre la Ayuda Oficial al Desarrollo Desligada para los Países Menos Adelantados (**Indicador 8**).

ARMONIZACIÓN
Las acciones de los donantes son más armonizadas, transparentes y colectivamente eficaces

Los donantes implementan disposiciones comunes y simplifican procedimientos

32. Los **donantes** se comprometen a:

- Poner en práctica los planes de acción de donantes que han desarrollado como parte de lo que se había decidido en el Foro de Alto Nivel de Roma.
- Aplicar, donde sea posible, disposiciones comunes a escala nacional para planificar, financiar (por ej. disposiciones de financiamiento conjuntas), desembolsar, supervisar, evaluar e informar el gobierno sobre las actividades de los donantes y los flujos de ayuda. El uso incrementado de modalidades de ayuda basada en programas puede contribuir a este esfuerzo (**Indicador 9**).
- Trabajar juntos para reducir el número de misiones de campo y de análisis de diagnóstico, duplicadas y separadas (**Indicadores 10**) promoviendo el adiestramiento conjunto para compartir las lecciones aprendidas y construir una comunidad de prácticas.

Complementariedad: una división del trabajo más eficaz

33. La fragmentación excesiva de la ayuda a escala global, nacional o sectorial disminuye la eficacia de la ayuda. Un enfoque pragmático de la división del trabajo y de la distribución de la carga aumenta la complementariedad reduciendo los costes de transacción.

34. Los **países socios** se comprometen a:
- Proporcionar panoramas claros de las ventajas comparativas de los donantes y cómo conseguir la complementariedad a escala nacional o sectorial.

35. Los **donantes** se comprometen a:
- Utilizar plenamente sus ventajas comparativas respectivas a escala sectorial o nacional, delegando la autoridad, cuando sea apropiado, para dirigir a los donantes en la ejecución de los programas, actividades y labores.

- Trabajar juntos para armonizar los procedimientos separados.

Incentivos para conductas orientadas a cooperación

36. Los **donantes y países socios** se comprometen conjuntamente a:

- Reformar los procedimientos y reforzar los incentivos -incluyendo incentivos para contratación, valoración y adiestramiento, para que directivos y personal trabajen apuntando a armonización, alineación y resultados.

Suministrar una ayuda eficaz a los estados frágiles[90]

37. La visión a largo plazo del compromiso internacional hacia estados frágiles es conseguir estados y otras instituciones que sean legítimos, eficaces y resistentes. Si los principios directores de la eficacia de la ayuda se aplican igualmente a los estados frágiles, necesitan ser adaptados a entornos en los que apropiación y capacidad son débiles, y a necesidades inmediatas de suministro de servicios básicos.

38. Los **países socios** se comprometen a:

- Realizar progresos para crear instituciones y establecer estructuras de gobernación que brinden seguridad y protección pública y acceso equitativo a los servicios sociales básicos para los ciudadanos y buena gobernalidad.

- Lanzar el diálogo con donantes con el fin de desarrollar herramientas de planificación simples tales como matriz de resultados de transición donde las estrategias de desarrollo aún no existen.

---

[90]   La sección siguiente trata del proyecto de Principios de buena implicación internacional en los Estados frágiles, que surgió en el Foro de Alto Nivel sobre la eficacia de la ayuda al desarrollo en los Estados Frágiles (Londres, enero de 2005).

- Fomentar la participación ampliada de un abanico de actores para establecer prioridades.

39. Los **donantes** se comprometen a:

- Armonizar sus actividades. La armonización es cuanto más crucial cuando no exista un fuerte liderazgo del gobierno. Debería apuntar a realizar análisis aguas arriba, evaluaciones conjuntas, estrategias conjuntas, coordinando el compromiso político e iniciativas prácticas como la creación de oficinas de donantes conjuntas.

- Alinear de la manera más extensa posible con estrategias centrales llevadas por los gobiernos, o si no fuera posible, los donantes deberían utilizar al máximo los sistemas del país, regionales, sectoriales o no gubernamentales.

- Evitar actividades que socavan la construcción de las instituciones nacionales como procesos que pasen por encima del presupuesto nacional o instaurando sueldos altos para el personal local.

- Utilizar una mezcla apropiada de instrumentos de la ayuda, incluyendo el apoyo a financiamientos recurrentes, en particular para los países en transiciones prometedoras pero de alto riesgo.

Promover un enfoque armonizado de las evaluaciones medioambientales

40. Los donantes han realizado considerables progresos en la armonización en torno a evaluación de impacto ambiental (EIA), incluyendo soluciones de salud y sociales relevantes en concepto de proyectos. Este progreso necesita ser profundizado, inclusive con el propósito de tratar de los impactos relacionados con cuestiones de importancia global como desertización, cambio del clima y pérdida de la biodiversidad.

41. Los **donantes** y **países socios** se comprometen conjuntamente a:

- Reforzar la aplicación de las EIA y ahondar procedimientos comunes para los proyectos, incluyendo consultas con los interesados; desarrollar y aplicar enfoques comunes de la "evaluación medioambiental estratégica" a escala sectorial y nacional.

- Seguir desarrollando la capacidad técnica y las políticas especializadas necesarias para el análisis medioambiental y para la aplicación de la legislación.

42. También serán necesarios esfuerzos de armonización similares para otros planteamientos transversales, como la igualdad de géneros y otras problemáticas incluyendo los que estén financiados por fondos dedicados.

GESTIÓN ORIENTADA A RESULTADOS
Administrar los recursos y mejorar la toma de decisiones orientadas a resultados

43. La gestión orientada a los resultados significa gestión e implementación de la ayuda con vistas a los resultados deseados y utilizando la información para mejorar las tomas de decisión.

44. Los **países socios** se comprometen a:

- Reforzar los vínculos entre las estrategias de desarrollo nacional y procesos presupuestarios anuales y multianuales.

- Procurar establecer marcos de *reporting* y de supervisión orientados a resultados que supervisen el progreso de acuerdo con dimensiones clave de las estrategias de desarrollo nacionales y sectoriales y que estos marcos sigan un número de indicadores de fácil gestión, cuyos datos son disponibles sin costes excesivos (**Indicador 11**).

45. Los **donantes** se comprometen a:

- Vincular la programación y los recursos con los resultados y alinearlos con los marcos de evaluación del desempeño de los países socios, evitando introducir indicadores de desempeño que no sean coherentes con las estrategias de desarrollo nacionales de los países socios.
- Trabajar con los países socios para apoyarse lo más posible en los marcos de evaluación del desempeño orientados a los resultados de los países socios.
- Armonizar sus requerimientos del concepto de supervisión y realización de informes con los países socios, ponerse de acuerdo en formatos comunes para informes periódicos, de la manera más extensa posible, hasta que puedan confiar más ampliamente en los sistemas de evaluación estadística y supervisión de los países socios.

46. **Los países socios** y los **donantes** se comprometen conjuntamente a:

- Trabajar juntos en enfoques participativos para reforzar las capacidades de los países a desarrollar una gestión basada en los resultados y la necesidad de la misma

MUTUA RESPONSABILIDAD
Donantes y socios son responsables de los resultados del desarrollo

47. Una de las mayores prioridades para países socios y donantes es ampliar la responsabilidad y la transparencia en la utilización de los recursos del desarrollo. También es una manera de reforzar el apoyo público a las políticas nacionales y la ayuda al desarrollo

48. **Los países socios** se comprometen conjuntamente a:

- Reforzar el papel del parlamento en las estrategias de desarrollo nacional y/o los presupuestos
- Fomentar enfoques participativos involucrando sistemáticamente a un amplio abanico de actores del

desarrollo en el momento de formular y evaluar el progreso en la implementación de las estrategias de desarrollo nacional.

49. Los **donantes** se comprometen a:

- Proporcionar información transparente y completa en tiempo oportuno sobre los flujos de ayuda con el objetivo de que las autoridades de países socios puedan presentar informes presupuestarios completos a sus parlamentos y ciudadanos.

50. **Países socios** y **donantes** se comprometen conjuntamente a:

- Evaluar conjuntamente a través de los mecanismos existentes nacionales y cada vez más objetivos, los progresos de la implementación de los compromisos acordados sobre la eficacia de la ayuda al desarrollo, incluyendo los Compromisos de Cooperación (**Indicador 12**).

III. INDICADORES DE PROGRESO
A medir a escala nacional con supervisión internacional

	APROPIACIÓN	METAS PARA 2010
1.	*Los Socios tienen estrategias de desarrollo operativas.* Número de países con estrategias nacionales de desarrollo (incluso ERP) con prioridades estratégicas claras y vinculadas con un marco de gastos a medio plazo y que quedan reflejadas en los presupuestos anuales	**Como mínimo el 75%*** de los países socios
	ALINEACIÓN	**METAS PARA 2010**
2.	*Sistemas nacionales fiables.* Número de países socios cuyos sistemas de gestión de las finanzas públicas y de aprovisionamiento (a) cumplen con las buenas prácticas generalmente adoptadas o (b) tienen instaurado un programa de reformas para conseguirlo.	Metas de mejora a establecer en septiembre de 2005

3.	*Los flujos de ayuda se alinean con las prioridades nacionales.* Porcentaje de flujos de ayuda que se repercuta en el presupuesto nacional de los socios	**85%*** de los flujos de Ayuda se repercutan en el presupuesto nacional
4.	*Reforzar capacidades con apoyo coordinado.* Porcentaje de ayuda a la construcción de capacidad proporcionada vía programas coordinados coherentes con las estrategias de desarrollo nacional de los países socios.	Metas de mejora a establecer en septiembre de 2005
5.	*Utilización de los sistemas nacionales.* Porcentaje de donantes y flujos de ayuda que utilizan sistemas nacionales de aprovisionamiento y/o gestión de Finanzas Públicas en los países socios que (a) cumplen con las buenas prácticas generalmente adoptadas o (b) tienen instaurado un programa de reformas para conseguirlo.	Metas de mejora a establecer en septiembre de 2005
6.	*Reforzar la capacidad evitando estructuras de implementación paralelas.* Número de unidades especializadas de ejecución de proyectos (PIU) por país.	Metas de mejora a establecer en septiembre de 2005
7.	*La ayuda es más predecible.* Porcentaje de desembolsos de ayuda liberados de acuerdo con programas adoptados dentro de marcos anuales o multianuales.	**Como mínimo el 75%*** de esta ayuda liberada en programas
8.	*Ayuda desligada.* Porcentaje de ayuda bilateral desligada	Progresos a supervisar.
ARMONIZACIÓN		**METAS PARA 2010**
9.	*Utilizar disposiciones o procedimientos comunes.* Porcentaje de ayuda suministrada como enfoques basados en programas[90]	**Como mínimo el 25 %***
10.	*Fomentar análisis comunes.* Porcentaje de (a) misiones de campo y/o (b) trabajos analíticos sobre países, incluyendo análisis de diagnóstico que son conjuntos	Metas de mejora a establecer en septiembre de 2005
GESTIÓN ORIENTADA A RESULTADOS		**METAS PARA 2010**
11.	*Marcos orientados a resultados.* Número de países con marcos sólidos de evaluación del desempeño transparentes y supervisables para medir los progresos en torno a (a) las estrategias de desarrollo nacionales y (b) los programas sectoriales.	**75%** * de los países socios

	MUTUA RESPONSABILIDAD	METAS PARA 2010
12.	*Mutua responsabilidad.* Número de países socios que evalúan sus progresos mutuos poniendo en práctica los compromisos acordados sobre la eficacia de la ayuda incluyendo aquellos mencionados en esta Declaración	Metas de mejora a establecer en septiembre de 2005
	*Se confirmarán o se modificarán estas cifras de aquí a septiembre de 2005	

ANEXO A:

Notas metodológicas sobre los indicadores

Los Objetivos de Cooperación proporcionan un marco que permite que sean operativas las responsabilidades y compromisos recogidos en la Declaración de París sobre Eficacia de la Ayuda al Desarrollo. Este marco se apoya de manera selectiva en los Compromisos de Cooperación presentados en la Sección II de esta Declaración.

Propósito. Los Objetivos de Cooperación facilitan un marco que permite que sean Operativas las responsabilidades y compromisos recogidos en la Declaración de París sobre Eficacia de la Ayuda al Desarrollo. Miden principalmente la **conducta colectiva a escala nacional**.

Escala Nacional contra Escala Global. El marco anterior de indicadores está destinado a **una medición a escala nacional** en colaboración estrecha entre países socios y donantes. Los valores de los indicadores a escala nacional podrán entonces elevarse estadísticamente a la **escala regional o global**. La agregación global se efectuará para los países del panel mencionado anteriormente, a efectos meramente de equiparación estadística, y de manera más amplia, para todos los países socios para los que están disponibles datos relevantes.

---

[91]   Véanse las notas metodológicas para una definición de enfoques basados en programas.

Desempeño de donantes / países socios. Los indicadores de progreso también proporcionarán una **referencia con la que las agencias de los donantes individuales podrán medir su desempeño** a escala nacional, regional o global. En el momento de medir el desempeño de donantes individuales, habrá que aplicar los indicadores con flexibilidad, teniendo en cuenta que los donantes tienen requisitos institucionales distintos.

Metas. Las metas se fijan a escala global. Los progresos hacia estos objetivos han de medirse elevando estadísticamente los indicadores medidos a escala nacional. Además de las metas globales, países socios y donantes podrían adoptar metas a escala nacional en un país determinado.

Línea base. Se establecerá una línea base para 2005 en un panel de países autoseleccionados. El Grupo de Trabajo del CAD sobre la Eficacia de la Ayuda al Desarrollo está invitado a establecer este panel de países.

Definiciones & criterios. El Grupo de Trabajo del CAD sobre la Eficacia de la Ayuda al Desarrollo está invitado a proporcionar directrices específicas, campos de aplicación, criterios y metodologías específicos para asegurar que se podrán aprovechar los resultados por todos los países y a lo largo del tiempo.

Nota sobre el Indicador 9. Los enfoques basados en programas están definidos en el volumen 2 de la Armonización de las Prácticas de los Donantes para asegurar una ayuda eficaz (OCDE 2005) en el punto 3.1, como un modo de comprometerse en una cooperación de desarrollo basada en los principios de apoyo coordinado a un programa apropiado localmente para el desarrollo, tal como una estrategia de desarrollo nacional, un programa sectorial, un programa temático o un programa de una organización específica. Los enfoques basados en programas comparten las siguientes características: (a) liderazgo por el país huésped o la organización; (b) un solo marco global presupuestario y programático; (c) un proceso formalizado para la coordinación y la armonización de los procedimientos de los donantes reporting, presupuestos, gestión financiera y aprovisionamiento; (d) esfuerzos para incrementar el uso de sistemas locales para diseño y aplicación, gestión financiera, supervisión y evaluación de programas. Para la finalidad del indicador 9, se medirá el desempeño por separado a través de las modalidades de ayuda que contribuyen a enfoques basados en programas.

ANEXO B:
Lista de países y organizaciones participantes

Países participantes

África del Sur	Dinamarca	Italia
Albania	Egipto	Jamaica
Alemania	España	Japón
Arabia	Estados	Jordania
Saudita	Unidos	Kenya
Australia	Etiopia	Kuwait
Austria	Federación	Luxemburgo
Bangladesh	Rusa	Madagascar
Bélgica	Filipinas	Malasia
Benin	Finlandia	Malawi
Bolivia	Fiyi	Malí
Botswana	Francia	Marruecos
[Brasil]*	Gambia	Mauritania
Burkina Faso	Ghana	México
Burundi	Grecia	Mongolia
Camboya	Guatemala	Mozambique
Camerún	Guinea	Nepal
Canadá	Honduras	Nicaragua
China	Indonesia	Níger
Comisión	Irlanda	Noruega
Europea	Islandia	Nueva
Corea	Islas Salomón	Zelanda

Países Bajos
Pakistán
Papúa-Nueva
Guinea
Polonia
Portugal
Reino Unido
Rep. D de Congo
República
Checa
República
dominicana

República
Eslovaca
República
Kirguiza
RPL de Laos
Ruanda
Rumania
Senegal
Serbia   y
Montenegro
Sri Lanka
Suecia

Suiza
Tailandia
Tanzania
Tayikistán
Timor-Leste
Túnez
Turquía
Uganda
Vanuatu
Vietnam
Yemen
Zambia

* Para ser confirmado en abril 2005

Organizaciones participantes

Banco Africano de Desarrollo
Banco Árabe para el Desarrollo Económico en África
Banco Asiático de Desarrollo
Secretaría de la Mancomunidad
Consultative Group to Assist the Poorest (Grupo consultivo de ayuda a los más pobres)
Banco Desarrollo del Consejo Europeo (CEB)
Comisión Económica para África (CEA)
Educación para Todos-Iniciativa acelerada
Banco Europeo para la Reconstrucción y el Desarrollo
Banco Europeo de Inversiones
Fondo Global de lucha contra el sida, la tuberculosis y la malaria
G-24
Banco Interamericano de Desarrollo
Fondo Internacional para el Desarrollo Agrícola (FIDA)
Fondo Monetario Internacional
Organización Internacional de la Francofonía
Banco Islámico de Desarrollo
Campaña del Milenio

Nueva Colaboración Estratégica para África
Fondo Nórdico de Desarrollo
Organización para la Cooperación y el Desarrollo Económico
(OCDE)
Organización de los Estados del Caribe Oriental
(OECO)
OPEC Fondo para el Desarrollo Internacional
Pacific Islands Forum Secretariat (Secretaría del Foro de las Islas Pacíficas)
Grupo de la Naciones Unidas para el Desarrollo
(GNUD)
Banco Mundial

Organizaciones de sociedad civil

Africa Humanitarian Action
AFRODAD
Bill and Melinda Gates Foundations
Canadian Council for International Cooperation (CCIC)
Comité Catholique contre la Faim et pour le Développement (CCFD)
Coopération Internationale pour le Développement et la Solidarité (CIDSE)
Comisión Económica (Nicaragua)
ENDA Tiers Monde
EURODAD
International Union for Conservation of Nature and Natural Resources (IUCN)
Japan NGO Center for International Cooperation (JANIC)
Reality of Aid Network
Tanzania Social and Economic Trust (TASOET)
UK Aid Network

Tomado de www.oecd.org

2. Programa de acción de ACCRA

Los ministros de los países en desarrollo y los países donantes responsables de la promoción del desarrollo, junto con los directores de instituciones multilaterales y bilaterales de desarrollo, suscribieron la siguiente declaración en Accra, Ghana, el 4 de septiembre de 2008, con el objetivo de acelerar y profundizar la aplicación de la Declaración de París sobre la Eficacia de la Ayuda (2 de marzo de 2005).

Estamos ante una oportunidad

1. Estamos comprometidos con la erradicación de la pobreza y la promoción de la paz, a través de la construcción de asociaciones más fuertes y más eficaces que permitan que los países en desarrollo cumplan con sus objetivos de desarrollo.

2. Se ha progresado. Hace quince años, dos de cada cinco personas vivía en la pobreza extrema; actualmente, esa proporción se redujo a una de cada cuatro. Sin embargo, 1.400 millones de personas –en su mayoría, mujeres y niñas– siguen viviendo en la pobreza extrema,[92] y la falta de acceso a agua potable y atención médica sigue siendo un gran problema en muchas partes del mundo. Además, los nuevos desafíos mundiales –el aumento de los precios de los alimentos y el combustible, y el cambio climático– amenazan los progresos que muchos países lograron en la lucha contra la pobreza.

3. Debemos lograr mucho más si pretendemos que todos los países cumplan con los objetivos de desarrollo del milenio (ODM). La asistencia no es más que una parte en el panorama general del desarrollo. La democracia, el

---

[92]   Esas cifras se basan en un estudio reciente del Banco Mundial que determinó que la línea de la pobreza se ubica en los US$1,25 al día en precios de 2005.

crecimiento económico, el progreso social y el cuidado del medio ambiente son los principales factores que impulsan el desarrollo en todos los países. El abordaje de las desigualdades en términos de ingreso y de oportunidades que existen dentro de cada país y entre distintos Estados es fundamental para el progreso internacional. La igualdad de género, el respeto por los derechos humanos y la sostenibilidad ambiental son esenciales para lograr un efecto duradero sobre las vidas y el potencial de mujeres, hombres y niños pobres. Es vital que todas nuestras políticas aborden estos temas de manera más sistemática y coherente.

4. En 2008, tres conferencias internacionales nos ayudarán a acelerar el ritmo del cambio: el Foro del alto nivel de Accra sobre la eficacia de la ayuda, el Evento de alto nivel de las Naciones Unidas sobre los ODM (en Nueva York) y la reunión de seguimiento sobre Financiamiento para el Desarrollo, en Doha. Hoy, en Accra, estamos mostrando el camino a seguir, unidos en torno de un objetivo común: liberar todo el potencial que posee la ayuda para lograr resultados de desarrollo duraderos.

Estamos progresando, pero no lo suficiente

5. En función de éxitos y fracasos pasados en la cooperación para el desarrollo, y tomando como referencia la Declaración de Roma sobre la armonización (2003), en marzo de 2005 adoptamos un conjunto ambicioso de reformas: la Declaración de París sobre la Eficacia de la Ayuda. En la Declaración de París, acordamos desarrollar una asociación genuina, en la que los países en desarrollo estuviesen claramente a cargo de sus propios procesos de desarrollo. También acordamos que existiera una responsabilidad mutua entre los participantes respecto del logro de resultados de desarrollo concretos. Después de tres años y medio, volvemos a reunirnos en Accra para

examinar el progreso y abordar los desafíos que enfrentamos actualmente.

6. Los datos empíricos muestran que estamos progresando, pero no lo suficiente. Una evaluación reciente indica que la Declaración de París generó un ímpetu importante para cambiar la forma en que los países en desarrollo y los donantes colaboran para solucionar problemas concretos. De acuerdo con la encuesta de seguimiento de 2008, una gran cantidad de países en desarrollo ha mejorado su gestión de los fondos públicos. Los donantes, a su vez, están haciendo más eficiente su coordinación a nivel nacional. Aun así, el ritmo de progreso es demasiado lento. Sin mayores reformas y una acción más rápida, no cumpliremos con nuestros compromisos y metas para 2010 en relación con la mejora de la calidad de la ayuda.

Tomaremos medidas para acelerar el progreso

7. Los datos empíricos muestran que tendremos que abordar tres desafíos principales para acelerar el progreso de la eficacia de la ayuda:

8. *La identificación del país es clave.* Los gobiernos de los países en desarrollo asumirán un liderazgo más fuerte de sus propias políticas de desarrollo y trabajarán con sus parlamentos y ciudadanos para conformarlas. Los donantes los respaldarán respetando las prioridades nacionales, invirtiendo en sus recursos humanos e instituciones, haciendo un mayor uso de sus sistemas para la provisión de ayuda y aumentando la previsibilidad de los flujos de ayuda.

9. *La construcción de asociaciones más eficaces e inclusivas.* En los últimos años, más actores involucrados en el desarrollo –países de ingreso mediano, fondos mundiales, el sector privado, organizaciones de la sociedad civil– han ido aumentando sus contribuciones y aportando experiencias valiosas. Esto también genera desafíos para la gestión y la coordinación. Todos los actores involucrados

en el desarrollo trabajarán juntos en asociaciones más inclusivas, a fin de que todas nuestras iniciativas tengan un mayor efecto sobre la reducción de la pobreza.

10. *El logro de resultados de desarrollo –y rendir cuentas abiertamente por esos resultados– debe ser parte central de todo lo que hacemos.* Hoy más que nunca, los ciudadanos y los contribuyentes de todos los países esperan ver resultados tangibles de las iniciativas de desarrollo. Demostraremos que nuestras acciones conllevan efectos positivos sobre la vida de las personas. Respecto de estos resultados, rendiremos cuentas entre nosotros y ante nuestros respectivos parlamentos y órganos de gobiernos.

11. Sin abordar estos obstáculos para la aceleración del progreso, no llegaremos a cumplir con nuestros compromisos y perderemos oportunidades para mejorar la vida de las personas más vulnerables del mundo. Por lo tanto, reafirmamos el compromiso que asumimos en la Declaración de París y, mediante este Programa de Acción de Accra, acordamos medidas concretas y a las cuales pueda realizarse seguimiento, a fin de acelerar el progreso y cumplir esos compromisos antes de 2010. Nos comprometemos a continuar las iniciativas de seguimiento y evaluación, que servirán para evaluar si hemos alcanzado los compromisos que asumimos en la Declaración de París y el Programa de Acción de Accra, y hasta qué punto la eficacia de la ayuda está aumentando y generando un mayor efecto en términos de desarrollo.

Fortalecimiento de la identificación del país respecto del desarrollo

12. Los países en desarrollo determinan e implementan sus políticas de desarrollo para lograr sus propios objetivos económicos, sociales y ambientales. En la Declaración de París acordamos que esta sería nuestra primera prioridad.

Actualmente, estamos tomando medidas adicionales para hacer de esta resolución una realidad.

Ampliaremos el diálogo sobre políticas para el desarrollo a nivel nacional

13. Estableceremos un diálogo abierto e inclusivo sobre políticas para el desarrollo. Reconocemos la función fundamental y la responsabilidad de los parlamentos en relación con la identificación del país con los procesos de desarrollo. Para profundizar este objetivo, tomaremos las siguientes medidas:

a) Los gobiernos de los países en desarrollo colaborarán en forma más estrecha con los parlamentos y las autoridades locales para preparar, implementar y realizar seguimiento de las políticas y planes nacionales de desarrollo. También trabajarán con las organizaciones de la sociedad civil.

b) Los donantes respaldarán las iniciativas para aumentar la capacidad de todos los actores involucrados en el desarrollo –parlamentos, gobiernos centrales y locales, organizaciones de la sociedad civil, institutos de investigación, medios y el sector privado– para asumir una función activa en el diálogo sobre políticas de desarrollo y sobre el papel de la asistencia como contribución a los objetivos de desarrollo nacionales.

c) Los países en desarrollo y los donantes garantizarán que sus respectivos programas y políticas de desarrollo se diseñen y se implementen de manera coherente con sus compromisos internacionales acordados respecto de la igualdad de género, los derechos humanos, la discapacidad y la sostenibilidad ambiental.

Fortalecerán los países en desarrollo su capacidad para dirigir y gestionar el desarrollo

14. Sin una capacidad sólida –instituciones, sistemas y conocimientos especializados locales fuertes– los países

en desarrollo no pueden hacerse cargo totalmente de sus procesos de desarrollo y gestionarlos. Acordamos, en el contexto de la Declaración de París, que el desarrollo de la capacidad es responsabilidad de los países en desarrollo, con los donantes en una función de apoyo, y que la cooperación técnica es uno entre varios medios para desarrollar la capacidad. Juntos, los países en desarrollo y los donantes adoptarán las siguientes medidas para fortalecer el desarrollo de la capacidad:

a) Los países en desarrollo identificarán sistemáticamente áreas en las que se necesita fortalecer la capacidad para prestar servicio en todos los niveles –nacional, subnacional, sectorial y temático– y diseñar estrategias para abordar esas áreas. Los donantes fortalecerán su propia capacidad y competencias para responder mejor a las necesidades de los países en desarrollo.

b) El respaldo de los donantes para el desarrollo de la capacidad estará determinado por la demanda y diseñado para respaldar la identificación del país. A este fin, los países en desarrollo y los donantes I) seleccionarán y administrarán en forma conjunta la cooperación técnica, y II) promoverán la prestación de cooperación técnica por recursos locales y regionales, incluso mediante la cooperación Sur-Sur.

c) Los países en desarrollo y los donantes colaborarán en todos los niveles para promover cambios operacionales que hagan más eficaz el respaldo al desarrollo de la capacidad.

Fortaleceremos y utilizaremos los sistemas de los países en desarrollo tanto como sea posible

15. Un desarrollo eficaz depende en gran medida de la capacidad del gobierno para implementar sus políticas y gestionar los recursos públicos a través de sus propios sistemas e instituciones. En la Declaración de París, los

países en desarrollo se comprometieron a fortalecer sus sistemas,[93] y los donantes aceptaron utilizar esos sistemas tanto como fuera posible. Sin embargo, los datos empíricos muestran que los países en desarrollo y los donantes no cumplen con los plazos para honrar estos compromisos. El progreso respecto de la mejora de la calidad de los sistemas nacionales varía considerablemente entre país y país, y, en casos en los que existen sistemas nacionales de buena calidad, los donantes suelen no utilizarlos. Con todo, se reconoce que el uso de estos sistemas promueve su desarrollo. A fin de fortalecer estos sistemas e incrementar su uso, tomaremos las siguientes medidas:

a) Los donantes acuerdan utilizar los sistemas nacionales como primera opción para los programas de ayuda en respaldo de actividades gestionadas por el sector público.

b) En caso de que los donantes elijan utilizar otra opción y recurran a mecanismos de entrega de ayuda externos a los sistemas nacionales (incluidas las unidades paralelas de ejecución de proyecto), deben indicar unívocamente la justificación de esa decisión y replantearse la postura a intervalos regulares. Si el uso de los sistemas nacionales no es viable, los donantes crearán salvaguardas y medidas adicionales que fortalezcan los sistemas y procedimientos nacionales, en lugar de socavarlos.

c) Los países en desarrollo y los donantes evaluarán en forma conjunta la calidad de los sistemas nacionales en un proceso dirigido por el país, basado en instrumentos de diagnóstico acordados en forma mutua. En casos en los que los sistemas nacionales requieren un mayor nivel de fortalecimiento, los países en desarrollo dirigirán la definición de programas y prioridades de reforma. Los

---

[93]   Estos incluyen, entre otros, sistemas de gestión de las finanzas públicas, adquisiciones, auditorías, seguimiento y evaluación, y evaluaciones sociales y ambientales.

donantes apoyarán estas reformas y prestarán asistencia en el desarrollo de la capacidad.

d) Inmediatamente, los donantes comenzarán a elaborar y compartir planes transparentes para hacer frente a sus compromisos en virtud de la Declaración de París respecto del uso de los sistemas nacionales en todas las formas de asistencia para el desarrollo, ofrecerán orientación al personal sobre cómo pueden utilizarse estos sistemas y garantizarán que existan incentivos internos para promover el uso. Deberán completar estos planes, de condición urgente.

e) Los donantes reafirman el compromiso asumido en la Declaración de París de proporcionar el 66% de la asistencia en forma de mecanismos basados en programas. Además intentarán canalizar al menos el 50% de la asistencia entre gobiernos mediante sistemas fiduciarios nacionales, entre los que se incluye el aumento del porcentaje de asistencia proporcionada con los mecanismos basados en programas.

Construcción de asociaciones más eficaces e inclusivas para el desarrollo

16. La ayuda se refiere a construir asociaciones para el desarrollo. Estas asociaciones son más eficaces cuando permiten aprovechar la energía, las competencias y la experiencia de todos los actores involucrados en el desarrollo: donantes bilaterales y multilaterales, fondos mundiales, organizaciones de la sociedad civil y el sector privado. A fin de respaldar las iniciativas de los países en desarrollo para construir a futuro, resolvemos crear asociaciones que incluyan a todos esos actores.

Reduciremos la costosa fragmentación de la ayuda
17. La eficacia de la ayuda se ve reducida cuando existen demasiadas iniciativas duplicadas, en especial a niveles

nacionales y sectoriales. Reduciremos la fragmentación de la ayuda mejorando la complementariedad de las iniciativas de los donantes y la división del trabajo entre los donantes, lo que incluye una mejor asignación de recursos dentro de los sectores, dentro de los países y entre los países. A tal fin:

a) Los países en desarrollo tomarán la iniciativa al momento de determinar las funciones óptimas de los donantes en el apoyo a las iniciativas de desarrollo a niveles nacionales, regionales y sectoriales. Los donantes respetarán las prioridades de los países en desarrollo, con lo que se garantiza que los nuevos acuerdos sobre la división del trabajo no impliquen una menor cantidad de ayuda para los países en desarrollo en forma individual.

b) Los donantes y los países en desarrollo colaborarán con el Grupo de trabajo sobre la eficacia de la ayuda para completar principios relativos a prácticas recomendadas sobre la división del trabajo impulsada por el país. Para ello, elaborarán planes que garanticen el máximo grado de coordinación de la cooperación para el desarrollo. A partir de 2009 evaluaremos los avances en la aplicación de esta iniciativa.

c) Iniciaremos el diálogo sobre la división internacional del trabajo a más tardar en junio de 2009.

d) Comenzaremos a trabajar en el problema de los países que no reciben suficiente ayuda.

Intensificaremos la optimización de los recursos de la ayuda

18. Desde que se acordó la Declaración de París en 2005, los donantes de la OCDE-CAD han progresado respecto de la desvinculación de la ayuda. Algunos donantes ya han desvinculado su ayuda totalmente, y alentamos a los demás a que hagan lo mismo. Abordaremos y aceleraremos estas iniciativas mediante las siguientes medidas:

a) Los donantes de la OCDE-CAD extenderán la cobertura de las Recomendaciones CAD 2001 sobre desvinculación de la ayuda a fin de incluir a los PPME que no formen parte del grupo de los PMA[94] y mejorarán su presentación de informes sobre las Recomendaciones CAD 2001.

b) Los donantes elaborarán planes individuales para profundizar la desvinculación de su ayuda tanto como sea posible.

c) Los donantes promoverán el uso de adquisiciones locales y regionales garantizando que sus procedimientos de adquisiciones sean transparentes y permitan la competencia de empresas locales y regionales. Trabajaremos sobre ejemplos de prácticas recomendadas para ayudar a las empresas locales a incrementar su capacidad para competir con éxito en relación con las adquisiciones financiadas a través la ayuda.

d) Respetaremos nuestros acuerdos internacionales sobre responsabilidad social de las empresas.

Aceptaremos con agrado a todos los actores involucrados en el desarrollo y trabajaremos con todos ellos

19. Las contribuciones de todos los actores involucrados en el desarrollo son más eficaces si los países en desarrollo tienen la posibilidad de gestionarlas y coordinarlas. Damos la bienvenida a la función de los nuevos contribuyentes y mejoraremos la forma en que todos los actores involucrados

---

[94]   Las Recomendaciones CAD 2001 sobre desvinculación de la AOD a los países menos adelantados (PPA) cubre 31 países de los denominados "países pobres muy endeudados (PPME)". El Comité de Ayuda al Desarrollo (CAD) de la OCDE, en su reunión de alto nivel de 2008, acordó extender las Recomendaciones de 2001 a fin de incluir a los ocho países restantes que forman parte de la iniciativa destinada para los PPME: Bolivia, Camerún, Côte d'Ivoire, Ghana, Guyana, Honduras, Nicaragua y República del Congo.

en el desarrollo trabajan juntos, tomando las siguientes medidas:

a) Promovemos que todos los actores involucrados en el desarrollo, incluidos los que participan en la cooperación Sur-Sur, utilicen los principios de la Declaración de París como referencia en la prestación de cooperación para el desarrollo.

b) Reconocemos las contribuciones realizadas por todos los actores involucrados en el desarrollo, en especial el papel que cumplen los países de ingreso mediano, como proveedores y como receptores de ayuda. Reconocemos la importancia y las particularidades de la cooperación Sur-Sur y creemos que podemos aprender de la experiencia de los países en desarrollo. Alentamos un mayor desarrollo de la cooperación triangular.

c) Los programas y fondos mundiales realizan una contribución importante al desarrollo. Los programas que financian son más eficaces si se los complementa con iniciativas destinadas a mejorar el entorno de las políticas y a fortalecer las instituciones en los sectores en los que funcionan. Instamos a todos los fondos mundiales a respaldar la identificación del país, a alinear y armonizar su asistencia de manera proactiva, y a hacer un buen uso de los marcos de responsabilidad mutua, sin dejar de enfatizar el logro de resultados. A medida que surgen nuevos desafíos mundiales, los donantes garantizarán que se utilicen los canales existentes para el envío de ayuda y, si es necesario, que se fortalezcan antes de crear nuevos canales separados, que amenazan con aumentar la fragmentación y complican la coordinación a nivel nacional.

d) Alentamos a los países en desarrollo a movilizarse, gestionar y evaluar sus iniciativas de cooperación internacional para el beneficio de otros países en desarrollo.

e) La cooperación para el desarrollo Sur-Sur debe observar el principio de no interferir en los asuntos internos, establecer igualdad entre los asociados en desarrollo y respetar su independencia, soberanía nacional, diversidad e identidad cultural y contenido local. Juega un papel importante en la cooperación para el desarrollo internacional y constituye un valioso complemento de la cooperación Norte-Sur.

Profundizaremos nuestra colaboración con las organizaciones de la sociedad civil

20. Profundizaremos nuestra colaboración con las organizaciones de la sociedad civil, en cuanto a actores independientes por derecho propio en el ámbito del desarrollo, cuyas iniciativas complementan las de los gobiernos y el sector privado. Para nosotros también es importante que las contribuciones de las organizaciones de la sociedad civil alcancen su máximo potencial. A tal fin:

a) Invitamos a las organizaciones de la sociedad civil a reflexionar sobre cómo pueden aplicar los principios de la Declaración de París sobre la eficacia de la ayuda, desde su perspectiva particular.

b) Agradecemos la propuesta de las organizaciones de colaborar en un proceso de varios participantes (dirigido por las organizaciones de la sociedad civil), destinado a promover la eficacia de las organizaciones en relación con el desarrollo. En el contexto de ese proceso, trataremos de I) mejorar la coordinación entre las iniciativas de las organizaciones y los programas de gobierno, II) mejorar la rendición de cuentas por los resultados de las organizaciones y III) mejorar la información sobre las actividades de las organizaciones.

c) Trabajaremos con las organizaciones de la sociedad civil a fin de generar condiciones más propicias para maximizar sus contribuciones al desarrollo.

*Adaptaremos políticas referidas a la ayuda para países
en situación frágil*

21. En la Declaración de París, acordamos que los principios y compromisos en materia de eficacia de la ayuda
se aplican por igual a la cooperación para el desarrollo en
situaciones de fragilidad, incluida la de países que salen de
un conflicto, pero que es necesario adaptar esos principios
a entornos de capacidad o identificaciones deficientes.
Desde entonces, se acordaron los Principios en materia
de adecuada participación internacional en los Estados
y las situaciones frágiles. Para profundizar la mejora de la
eficacia de la ayuda en este tipo de entornos, tomaremos
las siguientes medidas:

a) Los donantes realizarán evaluaciones conjuntas
sobre buen gobierno y capacidad, y analizarán las causas
del conflicto, la fragilidad y la inseguridad, trabajando,
hasta donde sea posible, con las autoridades del país en
desarrollo y otras partes interesadas pertinentes.

b) A nivel nacional, los donantes y los países en desarrollo trabajarán y llegarán a un acuerdo en torno a un
conjunto realista de objetivos para el desarrollo del Estado
y la paz que aborden las causas fundamentales del conflicto y la fragilidad y permitan garantizar la protección y la
participación de las mujeres. Este proceso será informado
a través de un diálogo internacional entre los socios y los
donantes sobre estos objetivos como prerrequisitos para
el desarrollo.

c) Los donantes suministrarán asistencia para el desarrollo de capacidad, adaptada, coordinada y determinada
por la demanda, para las funciones básicas del Estado y para
lograr una recuperación temprana y sostenida. Trabajarán
con los países en desarrollo para diseñar medidas inter-
medias, secuenciadas en forma adecuada, y capaces de
mejorar la sostenibilidad de las instituciones locales.

d) Los donantes trabajarán sobre modalidades de financiamiento flexibles, veloces y a largo plazo –en forma combinada, cuando corresponda– para: I) conectar las fases de ayuda humanitaria, recuperación y desarrollo a largo plazo; y II) apoyar la estabilización, la construcción inclusiva de la paz y le desarrollo de Estados capaces, responsables y con capacidad de respuesta. Colaborando con los países en desarrollo, los donantes promoverán las asociaciones con el Sistema de las Naciones Unidas, las instituciones financieras internacionales y otros donantes.

e) A nivel nacional y de manera voluntaria, los donantes y los países en desarrollo harán un seguimiento de la implementación de los Principios en materia de adecuada participación internacional en los Estados y las situaciones frágiles, y difundirán los resultados como parte de los informes de progreso respecto de la implementación de la Declaración de París.

Logro del resultado en términos de desarrollo y su rendición de cuentas

22. Nuestra tarea será juzgada por el efecto que nuestro esfuerzo colectivo tenga sobre las vidas de los pobres. También reconocemos que un mayor nivel de transparencia y rendición de cuentas respecto del uso de los recursos de desarrollo –tanto internos como externos– es un importante motor del progreso.

Nos concentraremos en lograr resultados

23. A fin de mejorar nuestra gestión para el logro de resultados, tomaremos las siguientes medidas:

a) Los países en desarrollo fortalecerán la calidad del diseño, la implementación y la evaluación de políticas mejorando los sistemas de información, lo cual incluye, donde corresponda, desagregar los datos por género, región y estatus socioeconómico.

b) Los países en desarrollo y los donantes trabajarán para elaborar instrumentos de gestión de resultados eficaces en función de los costos, destinados a evaluar el efecto de las políticas de desarrollo y ajustarlas según sea necesario. Mejoraremos la coordinación y la conexión entre las distintas fuentes de información: sistemas nacionales de estadística, presupuestación, planificación, seguimiento y evaluaciones del desempeño de las políticas dirigidas por el país.

c) Los donantes alinearán su seguimiento con los sistemas de información nacionales. Brindarán apoyo a la capacidad estadística y los sistemas de información nacionales de los países (incluidos aquellos destinados a gestionar la ayuda), e invertirán para fortalecerlos.

d) Fortaleceremos los incentivos para mejorar la eficacia de la ayuda. Analizaremos y abordaremos sistemáticamente los impedimentos legales o administrativos que afecten los compromisos internacionales referidos a la eficacia de la ayuda. Los donantes prestarán más atención a la tarea de delegar autoridad suficiente a los funcionarios nacionales y cambiar los incentivos a nivel institucional y de recursos humanos, a fin de promover un comportamiento acorde a los principios en materia de eficacia de la ayuda.

Aumentaremos el nivel de transparencia y rendición de cuentas ante nuestro público en relación con los resultados

24. La transparencia y la rendición de cuentas son elementos esenciales para los resultados en términos de desarrollo. Constituyen una parte central de la Declaración de París, en la que se acordó que los países y los donantes aumentarían el nivel de rendición de cuentas entre sí y ante sus ciudadanos. A fin de abordar esta iniciativa, tomaremos las siguientes medidas:

a) Aumentaremos la transparencia de la ayuda. Los países en desarrollo facilitarán la supervisión parlamentaria implementando una mayor transparencia en la gestión de las finanzas públicas, incluida la publicación de ingresos, presupuestos, gastos, adquisiciones y auditorías. Los donantes publicarán información oportuna y detallada con regularidad sobre volumen, asignación y, cuando estén disponible, resultados de los gastos en desarrollo, para permitir que los países en desarrollo mejoren la exactitud de sus presupuestos, su contabilidad y sus auditorías.

b) Aceleraremos nuestras iniciativas para garantizar que –según lo acordado en la Declaración de París– se hayan establecido revisiones de evaluación mutua, antes de 2010, en todos los países que suscribieron la Declaración. Estos exámenes se basarán en los informes de resultados de los países y en sistemas de información complementados con los datos de donantes disponibles y pruebas independientes creíbles. Se basarán en nuevas prácticas recomendadas y gozarán de mayor control parlamentario y la utilización de datos empíricos independientes y la participación ciudadana. Con ellos podremos asumir la responsabilidad por resultados mutuos acordados, de conformidad con las políticas de ayuda y desarrollo nacionales.

c) A fin de complementar los exámenes de evaluación mutua a nivel de los países e impulsar un mejor desempeño, los países en desarrollo y los donantes examinarán y fortalecerán juntos los mecanismos internacionales existentes de rendición de cuentas, con inclusión del examen de pares con la participación de los países en desarrollo. Examinaremos las propuestas de fortalecimiento de estos mecanismos antes del final de 2009.

d) El uso eficaz y eficiente del financiamiento para el desarrollo implica que los donantes y los países socios hagan todo lo que esté a su alcance para combatir la corrupción. Los donantes y los países en desarrollo respetarán los principios que acordaron, incluidos los de la Convención de las Naciones Unidas contra la Corrupción. Los países en desarrollo abordarán la corrupción mejorando los sistemas de investigación, el resarcimiento legal, la rendición de cuentas y la transparencia en uso de fondos públicos. Los donantes tomarán medidas en sus propios países para luchar contra la corrupción, causada por personas o corporaciones, a fin de buscar, inmovilizar y recuperar los activos obtenidos de manera ilegal.

Seguiremos cambiando el carácter de la
condicionalidad para respaldar la identificación del país
25. Para fortalecer la identificación del país y mejorar la previsibilidad de los flujos de ayuda, los donantes acordaron en la Declaración de París que, siempre que sea posible, basarán sus condiciones en las propias políticas de desarrollo de los países. Reafirmamos nuestro compromiso con este principio y seguiremos tratando de cambiar el carácter de la condicionalidad, mediante las siguientes medidas:

a) Los donantes trabajarán con los países en desarrollo para llegar a un acuerdo en torno a un conjunto reducido de condiciones mutuamente acordadas, basadas en las estrategias nacionales de desarrollo. Evaluaremos en forma conjunta el desempeño de los donantes y el de los países en desarrollo en relación con el logro de los compromisos.

b) A partir de este momento, los donantes y los países en desarrollo publicarán regularmente todas las condiciones vinculadas con los desembolsos.

c) Los países en desarrollo y los donantes trabajarán en forma conjunta a nivel internacional a los fines de revisar, documentar y divulgar las prácticas recomendadas referidas a la condicionalidad con la intención de reforzar la identificación de los países y otros principios de la Declaración de París haciendo mayor hincapié en la condicionalidad armonizada y basada en los resultados. Aceptarán los aportes de la sociedad civil.

Aumentaremos la previsibilidad a mediano plazo de los flujos de ayuda

26. En la Declaración de París, acordamos que se necesita una mayor previsibilidad en el envío de flujos de ayuda, a fin de permitir que los países en desarrollo realicen una planificación y una gestión eficaces de sus programas de desarrollo en el corto y mediano plazo. Como prioridad, y a fin de mejorar la previsibilidad de los flujos de ayuda, tomaremos las siguientes medidas:

a) Los países en desarrollo fortalecerán los procesos de planificación presupuestaria para gestionar recursos internos y externos, y mejorarán los vínculos entre los gastos y los resultados en el mediano plazo.

b) A partir de este momento, los donantes suministrarán información oportuna y completa sobre compromisos anuales y desembolsos efectivos, a fin de que los países en desarrollo puedan registrar todos los flujos de ayuda en sus estimaciones presupuestarias y sistemas contables, con exactitud.

c) Desde ahora, los donantes proporcionarán regularmente a los países en desarrollo información oportuna sobre sus gastos recurrentes durante los próximos tres a cinco años y/o planes de ejecución que contengan, al menos, asignaciones de recursos indicativas que los países en desarrollo puedan integrar en sus marcos macroeconómicos y de planificación a mediano plazo. Los donantes solucionarán todo inconveniente que impida proporcionar tal información.

d) Los países en desarrollo y los donantes trabajarán juntos a nivel internacional con miras a encontrar maneras de profundizar la mejora en la previsibilidad a mediano plazo de los flujos de ayuda, incluido el desarrollo de instrumentos para medir esa previsibilidad.

De cara al futuro

27. Las reformas que acordamos hoy en Accra necesitarán un respaldo político de alto nivel sostenido, "presión de los pares" y una acción coordinada a nivel mundial, regional y nacional. Para lograrlas, renovamos nuestro compromiso con los principios y metas establecidos en la Declaración de París, y seguiremos evaluando el progreso respecto de la implementación de esos principios.

28. Los compromisos que asumimos hoy tendrán que adaptarse a las distintas circunstancias de cada país, incluidas las de países de ingreso mediano, pequeños Estados y países en situación de fragilidad. A tal fin, alentamos a los países en desarrollo a diseñar –con el apoyo activo de los donantes– planes de acción basados en el país, que definan propuestas con límite de tiempo y controlables para implementar la Declaración de París y el Programa de Acción de Accra.

29. Acordamos que, para 2010, cada uno de nosotros deberá cumplir los compromisos asumidos respecto de la eficacia de la ayuda en París y en Accra hoy, y superarlos siempre que sea posible. Acordamos evaluar y utilizar las múltiples y valiosas ideas e iniciativas que se han expuesto en este Foro de alto nivel. Acordamos que los desafíos como el cambio climático y el aumento del precio de los alimentos y los combustibles destacan la importancia de aplicar los principios de la eficacia de la ayuda. En respuesta a la crisis de los alimentos, formularemos y pondremos en marcha una asociación mundial sobre agricultura y alimentos de manera rápida, flexible y eficiente.

30. Solicitamos al Grupo de trabajo sobre la eficacia de la ayuda que continúe con el seguimiento del progreso respecto de la implementación de la Declaración de París y el Programa de Acción de Accra, y que presente el informe correspondiente en el cuarto Foro de alto nivel sobre

eficacia de la ayuda, en 2011. Reconocemos que se necesitará un trabajo adicional para mejorar la metodología y los indicadores del progreso relacionado con la eficacia de la ayuda. En 2011, realizaremos la tercera ronda de seguimiento, que nos permitirá determinar si hemos cumplido con las metas acordadas en París en 2005 para el año 2010.[95] Para llevar adelante esta tarea, necesitaremos crear procesos institucionalizados para lograr una asociación equitativa de los países en desarrollo y la intervención de las partes interesadas.

31. Reconocemos que la eficacia de la ayuda forma parte del programa más amplio de financiamiento para el desarrollo. Para lograr resultados en términos de desarrollo y alcanzar los ODM debemos cumplir nuestros compromisos relativos a la calidad y los volúmenes de la ayuda. Solicitamos al Secretario General de las Naciones Unidas que transmita las conclusiones del tercer Foro de alto nivel sobre eficacia de la ayuda en el Evento de alto nivel sobre los ODM que se realizará este mes en Nueva York y en la reunión de seguimiento sobre Financiamiento para el Desarrollo que se realizará en Doha en noviembre de 2008. Agradecemos la contribución del Foro de cooperación para el desarrollo de ECOSOC al diálogo internacional y a la responsabilidad mutua en temas relacionados con la ayuda. Instamos al sistema de desarrollo de las Naciones Unidas a continuar respaldando el fortalecimiento de la capacidad de los países en desarrollo para que la gestión de la asistencia sea eficaz.

---

[95] Esa información estará disponible para el cuarto Foro de alto nivel sobre eficacia de la ayuda en 2011, junto con la segunda etapa de evaluaciones integrales del progreso en la implementación de la Declaración de París y el Programa de Acción de Accra logrado hasta 2010. También se prestará atención a mejorar y desarrollar comunicaciones sobre la eficacia de la ayuda para lograr éxitos de desarrollo a largo plazo y un amplio apoyo público.

32. Hoy más que nunca, decidimos trabajar en forma conjunta para que los países de todo el mundo construyan el futuro exitoso que todos queremos: un futuro basado en un compromiso compartido con la erradicación de la pobreza, un futuro en el que ningún país dependa de la ayuda.

Tomado de www.oecd.org

JOSETTE ALTMANN BORBÓN: Coordinadora
Regional del Cooperación Internacional y Directora del
Observatorio de la Integración Regional Latinoamericana
(OIRLA) de la Secretaría General de FLACSO. Magíster
Scientiae en Ciencias Políticas y Licenciada en Historia
por la Universidad de Costa Rica. De 1990 a 1991 realizó
cursos sobre Economía del Desarrollo en la Universidad de
Harvard. Profesora en la Facultades de Ciencias Sociales y
Educación de la Universidad de Costa Rica. Miembro de la
Comisión de Estudios de Posgrado en Evaluación Educativa
de la Universidad de Costa Rica. Ha dirigido proyectos
relacionados con políticas públicas en el área social con la
Organización Internacional del Trabajo (OIT) entre 2000
y 2003, y con el gobierno de Costa Rica entre 1994 y 1998.
Ha publicado y colaborado en diversos libros, es autora
de numerosos artículos publicados en revistas profesionales y académicas en diferentes regiones del mundo, y
en periódicos costarricenses. Entre sus últimas publicaciones se destacan *Integración y Cohesión Social: Análisis
desde América Latina e Iberoamérica* (compiladora), Serie
FORO, FLACSO Sede Ecuador, Quito, Ecuador, 2009; "The
Bolivarian Chávez effect: Worth a second look", en *Canada
Watch. A Remakable Turning Point: Post.neoliberal Latin
America and the Shadow of Obama*, The Robarts Centre
for Canadian Studies at York University and FLACSO, Fall
2010; y, *América Latina y el Caribe: Alba, ¿una nueva forma*

de integración regional? (editora), Editorial Teseo, FLACSO
Secretaría General, en prensa.

TATIANA BEIRUTE BREALEY: Es licenciada en
Sociología por la Universidad de Costa Rica. Actualmente
se desempeña como asistente de investigación en la
Secretaría General de la Facultad Latinoamericana de
Ciencias Sociales. Estudiante de la Maestría en Desarrollo
Humano de FLACSO Argentina. Ganadora de una de las
becas de investigación del Instituto de Investigaciones
Sociales de la Universidad de Costa Rica para los Trabajos
Finales de Graduación. Ha trabajado como consultora en
temas de género, medios de comunicación y seguridad
ciudadana para organizaciones como la Fundación Arias
para la Paz y el Progreso Humano, entre otros. Se ha des-
empeñado como docente de la Universidad de Costa Rica.
Ha colaborado en la preparación de los *Dossier* de la Serie
Cuadernos de Integración FLACSO-Secretaría General
y ha escrito artículos sobre temas relacionados con sus
áreas de trabajo. Entre sus últimas publicaciones están
"Cohesión Social y Seguridad Ciudadana", en Altmann,
Josette, *Cohesión Social y Políticas Sociales en Iberoamérica*,
Quito, FLACSO, Sede Ecuador, 2009; y "El rol de los medios
de comunicación en la cultura del miedo: Una perspectiva
desde la construcción de la violencia", en Garita, Nora,
Medios de Comunicación, Poder y Derechos Humanos,
Memorias de la Cátedra Eugenio Fonseca Tortós, Cuadernos
de Sociología, Escuela de Sociología, Facultad de Ciencias
Sociales, Universidad de Costa Rica, núm. 9, 2009.

MIGUEL LENGYEL: Es Director de la Sede Académica
de FLACSO, Argentina. Abogado, Universidad de Belgrano.
Maestría en Relaciones Internacionales, Universidad de
Belgrano. PHD (c) en *Political Science*, Instituto Tecnológico
de Massachusetts. Investigador asociado de la Escuela

de Negocios de la Universidad de Harvard, 1988-1991. Actualmente es Director Ejecutivo de la Red Latinoamericana de Comercio (LATN). Además es Profesor de FLACSO / Argentina, de la Maestría en Estrategia Económica (Facultad de Ciencias Económicas, UBA) y del Instituto del Servicio Exterior de la Nación. También fue Coordinador General del Programa BID 1206/OC-AR en la Secretaría de Comercio. Entre sus publicaciones se encuentran: *Implementing URAs in Argentina: Beyond Foregone Conclusions,* a ser publicado por el Banco Mundial; "Estándares Laborales" con Diana Tussie, *Archivos del Presente,* año 9, núm. 34, 2004; "Rule-making in Global Trade: The Developmental Challenge" de próxima publicación por la Universidad de las Naciones Unidas; "Estándares laborales: ¿Una condicionalidad para el acceso a mercados?", con Diana Tussie, *Puentes,* vol. 5, núm. 3, May-July 2004; *Trade Policy Reforms in Latin America – Multilateral Rules and Domestic Institutions,* editado con Vivianne Ventura-Diaz, Palgrave-Macmillan, Nueva York, 2004; "The Latin American Countries and the World Trading System: Addressing Institutional Barriers to Development," en M. Lengyel y V. Ventura-Diaz (eds.), *Trade Policy Reforms in Latin America – Multilateral Rules and Domestic Institutions,* Palgrave-Macmillan, Nueva York, 2004.

FRANCISCO ROJAS ARAVENA: Secretario General de FLACSO. Doctor en Ciencias Políticas, Universidad de Utrecht, Holanda. Master en Ciencias Políticas, FLACSO. Especialista en Relaciones Internacionales y Seguridad Internacional. Secretario General de FLACSO (2004-a la fecha). Director de FLACSO-Chile (1996-2004). Fue profesor en la Escuela de Relaciones Internacionales de la Universidad Nacional de Costa Rica (UNA). Fue profesor de la Universidad de Stanford en su campus de Santiago, Chile. Profesor invitado del Instituto de Estudios Internacionales de la Universidad de Chile y la Academia Diplomática "Andrés Bello", Chile. Como profesor *Fulbright* se desempeñó en el *Latin American and Caribbean Center* (LACC) en la *Florida International University*, Miami, Estados Unidos. Forma parte del Consejo Consultivo para América Latina del *Open Society Institute* (OSI) y de la Junta Directiva de la Fundación Equitas, en Chile. Ha efectuado trabajos de asesoría y consultoría para diversos organismos internacionales y gobiernos de la región. Es miembro de la Junta Directiva de *Foreign Affairs* en español, México, y de *Pensamiento Iberoamericano*, España. Autor y editor de más de medio centenar de libros. Sus últimos libros son: *Crisis Financiera. Construyendo una respuesta Política Latinoamericana. V Informe del Secretario General de FLACSO*, FLACSO Secretaría General, San José, Costa Rica, 2009; *América Latina y el Caribe: ¿fragmentación o convergencia? Experiencias recientes de la integración* (coeditor con Josette Altmann), FLACSO-Ecuador, Ministerio de Cultura, Fundación Carolina, Quito, 2008; y, *Crimen Organizado en América Latina y el Caribe* (coeditor con Luis Guillermo Solís), Editorial Catalonia / FLACSO, Santiago, 2008. Sus artículos han sido publicados en revistas profesionales, científicas y académicas en diferentes países del mundo.

IGNACIO SUÁREZ FERNÁNDEZ-CORONADO: Es licenciado en Derecho por la Universidad Complutense de Madrid y ha realizado un Master sobre Estudios Europeos Políticos y Administrativos (Colegio de Europa, Bélgica). Su labor profesional se ha centrado en distintos ámbitos de la cooperación internacional para el desarrollo, habiendo trabajado en la Comisión Europea, la Universidad de Alcalá de Henares, la Administración Pública española, y la Fundación Internacional y para Iberoamérica de Administración y Políticas Públicas (FIIAPP). Colabora como docente en el marco de diversos programas de posgrado sobre cooperación internacional, y su actividad investigadora incluye temas como la financiación para el desarrollo o la política española de cooperación.

GIOVANNA VALENTI NIGRINI: Es profesora de la Sede Académica de FLACSO-México, donde fungió como Directora. Maestra en Sociología por la FLACSO, Sede México (FLACSO-México) y Doctora en el posgrado de Ciencias Sociales de la Universidad Iberoamericana. A nivel docente se ha desempeñado como profesora de nivel posgrado y licenciatura en diversas universidades del país (UNAM, UAM-Azcapotzalco, UAM-Xochimilco, FLACSO-México), entre las líneas de investigación que maneja se encuentran: diseño y evaluación de políticas públicas en el campo de la educación superior; educación y mercado laboral; cambio institucional. Ha participado como profesora invitada en el Instituto Truman de la Universidad Hebrea de Jerusalén y en el *Centre for Higher Education Research and Information -Open University of London*. Es Miembro de la Junta Directiva de la UAM.⊠ Integrante del Consejo Consultivo Ciudadano para la Política de Población, como un órgano de consulta del Consejo Nacional de Población, SEGOB. Ha sido autora y coautora de numerosas publicaciones entre las que destacan "Diagnóstico sobre el estado actual de los estudios de egresados" (coautoría); "Invertir en el conocimiento", CONACYT y Plaza y Valdés (título) Ortega, S.; *México 2010: pensar y decidir la última década*, Ed. Noriega, IPN, UAM y CEEN, en coautoría con Valenti G., y Del Castillo, Gloria; y *Developping Innovation Sistems México in a Global Context* (Ed.), Continuum, New York, 2000, en coautoría con Valenti G. y Mario C.

JOSÉ MARÍA VERA: Es Director de Planificación de la Secretaría para la Cooperación Iberoamericana de la SEGIB desde junio de 2006. Coordina desde este puesto los programas intergubernamentales de cooperación horizontal que se desarrollan en varios sectores, incluyendo la evaluación de los mismos. Dirige el Informe de la Cooperación Sur-Sur en Iberoamérica. Es Químico Industrial, Master en Cooperación Internacional por la Univ. Complutense de Madrid (1993) y diplomado en Desarrollo Directivo por la Escuela de Negocios IESE (PDD-2003). Durante tres años fue Ingeniero de Proyectos en la empresa Técnicas Reunidas SA. En 1993 se incorporó a *Intermón Oxfam* como Director de la Sede de Madrid, pasando a ser en 1999 y hasta el año 2006, Director del Departamento de Campañas y Estudios de dicha organización. Durante 4 años fue coordinador del Grupo Global de Campañas de Oxfam Internacional. Entre 1998 y 2003 formó parte de la Junta Directiva de la Coordinadora de ONGD-España. Y durante tres años fue miembro del Consejo Internacional del Foro Social Mundial participando en el mismo en representación de Oxfam Internacional. Ha sido responsable, desde su inicio en 1994, del informe "La Realidad de la Ayuda" en su edición española, escrito varios artículos y colaborado en cursos y seminarios de cooperación, campañas y relaciones Norte-Sur. Es profesor del curso de Innovación y Liderazgo de ONG de la Escuela ESADE.

www.ingramcontent.com/pod-product-compliance
Lightning Source LLC
Chambersburg PA
CBHW020612270326
41927CB00005B/299